教室で学ぶワークルール

労働時間
労働契約
採用
過労自殺
パワハラ

労働法
賃金
労働組合
働くとは
退職
解雇

道幸哲也
どうこうてつなり
NPO法人
職場の権利教育ネットワーク代表

JN260082

旬報社

はじめに——ワークルールという言葉を知っていますか

これから社会に出るキミたちへ

　これから社会に出て働こうとするキミたちは、いまの社会をどのように感じているのでしょうか。出口のない息苦しさや、将来への不安をつのらせる人も多いだろうと思います。とりわけ、就職のことを考えると、すぐ先の生活プランができないだけではなく、10年後の自分もイメージできないのではないでしょうか。「いい大学からいい会社へ」という人生コースは必ずしも人の幸福を意味しませんが、ではどうしたらいいのかと問われると答えに困ります。

　キミたちが直面する就職の現状をみてみると、正社員（このことば自体が差別感を助長していますが）として就職することは簡単ではありません。多くはパートなど雇用関係が不安定な非正規というかたちでしか仕事につけない状況です。また、たとえ正社員として就職できたとしてもさまざまな問題に直面します。長時間労働にともなう過労死や、ハラスメントによる「うつ」などのメンタル問題です。さらに、会社に勤め続けても、かつてのように賃金が上がっていくわけでもありません。雇用の不安定さや労働条件の低下などを見ると、ますます正規と非正規とのボーダーがはっきりしなくなっています。

　とはいえ、多くの人は働かなければ生活していけません。当面は親にパラサイト（寄生）することができても、親が

いつまでも元気でいるわけではありません。自分で生活し、家族を持ち、次の世代に社会をつなげる必要があります。働くことを避けてはいられないのです。憲法27条は「勤労」を国民の義務としていますし、国も若い人たちの雇用の実現や勤労観の育成に本気で乗り出しています。

　ところが、社会人として働きだす前に、職場でのワークルールについてはほとんど教えられていません。公民の授業では、受験レベルの表面的な知識しか教えられておらず、ワークルールの意味や使い方までは深められていません。たしかに、新学習指導要領では、法教育やルールについての教育も重視されはじめています。しかし、ワークルールについてはそれほどではありません。また、キャリア教育が必要だという議論は盛んですが、どのようにキャリアを形成し資格を獲得するかが中心であり、働くさいのルールについてはほとんど関心を持たれていません。むしろ権利を主張すると就職に困るとさえ思われているのではないでしょうか。

　働くことが国民の義務ならば、安心して働き続けるために必要なワークルールを身につけておくべきでしょう。本来、ワークルール教育は国の責任ですが、現状では自分たちで学んでいくしかありません。

本書の3つの目的

　この本を書いた具体的な目的は3つあります。

① **ワークルール自体を知る**——まさに、現実の社会では「法律知識は力」であり、自分を守るためには不可欠な知識です。

　この知識の獲得は、職場において適切なルールを実

現するということも目的とします。自分ひとりのためだけではなく、同僚・後輩のためといえます。さらに、ワークルールを守ることは、会社自体のためでもあります。

② **議論の仕方を身につける**──知識を実際に生かすには議論できる能力が必要です。その能力を身につけるために、この本ではワークルールをめぐる具体的な紛争を事例として考えることとします。自分にも起こる可能性のある具体的で身近な問題であれば、論点がイメージしやすいからです。

　法律的な紛争は、はっきりした対立関係を前提としているので、自分の見解を確かめるとともに論点を相手に的確に伝えなければなりません。その点ではコミュニケーション力を養成することも必要です。また、話し合いを通じて、多様な見解があることを知ってもらえればと期待しています。この多様性こそが人間のおもしろさです。

③ **働く意義を具体的に考える**──職場における紛争で提起される問題には、会社の秩序と自分らしさとの調整、業務命令とその限界、ワークライフバランスのあり方などがあります。これらの問題は、具体的な紛争を解決する過程をみることによってよく理解できます。たとえば、制服の着用を義務づける会社のルールに違反したことを理由として処分ができるか、といった問題を考えます。

　全体として、欲張った企画です。強調したいことは、ワークルールの知識も重要ですが、知識の獲得を通じて、議論の筋を理解し、身につけることです。適用力・

応用力といえます。人生は、常に応用問題です。

高校生のキミに読んでもらいたい

　この本は、教室で学ぶという意味では、高校生を読者としてイメージして書きました。とはいっても、高校生の知識レベルや問題関心、さらにセンスはよくわかりません。これまで高校生を対象に話した経験をもとに、私なりに、興味をもてるように、かつ、わかりやすく書いたつもりです。もちろん、公民や政経の教科書の記載は参考にしました。全体的にかなり高度なことを学んでいることには驚きました。大人であれだけの教養がある人は少ないでしょう。

　この本は、高校生だけでなく専門学校生、大学生、さらに若い労働者にも参考になると考えています。内容として、働いていたほうがよりリアルに理解できるでしょう。友人や仲間とともにあなたなりの教室でワークルールを学ぶことを期待します。

これだけは知ってもらいたい

　この本は、就職したときに特に必要とされるワークルールを中心に書きました。労働契約の締結や業務命令のあり方、賃金や労働時間など、もっとも基本的な労働条件にしぼっています。取り上げるテーマは限定していますが、ワークルールの基礎となる考え方は理解できると思います。

　また、それぞれの項目の内容は、次の3つのパートから構成されます。

① **関連する法的な規定や問題**――必要な場合には、条文も紹介しています。

② **基本的な最高裁判所の裁判例の紹介**――どのような紛

争について、どのように判断されたかを紹介します。判決文の引用などもあり、難しく思うかもしれませんが、リアルな認識を得るためには必要なことなので、がんばって読んでください。この本は、知識を得るだけではなく、ワークルールの考え方を学ぶことを目的としているので、裁判例のどこに問題があるかも解説します。

③ **具体的でデリケートなケースの紹介**——より深い理解を得るために具体的かつデリケートなケースを取り上げています。紛争の当事者がおこなった主張の内容や論点を確認し、自由で活発な議論をすることを期待しています。同時に、法的な解決の限界も考えてくれたらと思います。実際には、ワークルールだけでは解決できない問題が多いからです。

なお、本書はワークルール全体までは対象としていませんので、もっと詳しく学びたい場合は、『ワークルールの基礎—しっかりわかる労働法』（2009年、旬報社）を参考にしてください。

授業とディベートで活用してほしい

本をどのように読むか、使うかは読者の自由です。ただ、この本は、「教室で学ぶ」というタイトルのとおり、できたら教室で、授業とディベートのために使ってほしいと思います。外部の講師と先生とがコラボの授業をし、それをふまえて生徒が討論することになればすてきな試みであると考えます。

そのためには、自由に議論をできるクラスの雰囲気や信

頼関係、さらに法律問題をかみ砕いて説明する能力が先生に必要とされます。クラスで議論できる雰囲気をつくることは、教師の基本的な資質ではないかと考えます。

また、授業以外でも友人や家族で話し合うことを期待します。ワークルールは、親の世代にとっても必要な知識といえるからです。

議論の仕方

自由に議論するためには一定の工夫や態度が必要です。具体的な議論の仕方は、その時々のメンバーの構成によっても、またテーマによっても異なりますが、次の点に配慮することが重要です。

第1に、相手の論理がどうなっているかを理解しようとする気持ちや努力が必要です。相手のミスをあげつらうことは楽しいでしょうが、議論は深まりません。あの人のいうことだから反対するというような人間関係的な議論になればこれは論理とはいえません。

第2に、各論点に優先順位を付け、重要な論点を中心に議論をします。もっとも、なにが重要かの見極めは簡単ではありません。

第3、議論をするさいに案外重要なのは、アイデアを出し惜しみしないことです。相手の論理の問題点をあげつらうことよりも、どう考えるべきかを一緒に考える態度が必要です。「相手から学び一緒に考える」という姿勢や文化こそが意味のある論議を支えるものといえます。

全体の構成

本書は3部で構成されています。それぞれを簡単に紹

介します。

　第Ⅰ部では、①ワークルールの全体像とそれが会社や職場のどのような場面で問題となっているのか。また、②働くことや法的な考え方とは何かを考えます。それらを理解していなければ、ワークルールの実際の意味は正確にわかりません。

　第Ⅱ部では、主要なワークルールについて取り上げます。具体的には、①採用過程、②労働契約上の権利・義務、③職場での自分らしさの確保、④労働時間、⑤賃金、⑥労働災害、⑦解雇の制限、⑧有期雇用の更新、を考えます。

　第Ⅲ部では、問題に直面した場合の対処方法を、労働相談と労働組合の利用の観点から考えます。

　ここで、ワークルールを学ぶ意味を再確認しておきましょう。議論することによって自分の考えを持ち、深めるとともに考え方の多様性を認める態度を身につけます。同時に、働くことや社会のあり方も考えます。

　本書は、その企画から実現まで旬報社の木内洋育さんに大変お世話になりました。一緒に楽しく仕事ができたことを感謝しています。

教室で学ぶワークルール●目次

はじめに——
ワークルールという言葉を知っていますか……… 2

第Ⅰ部　ワークルールの基礎

第1章　働くことを考える
1　雇用や職場をめぐる状況 …………………… 14
2　働くことを考える ………………………… 19
3　ワークルールの実現 ……………………… 22

第2章　労働条件はどのように決っているか
1　労働法の基礎を知ろう …………………… 24
2　労働契約が出発点 ………………………… 26
3　労働条件を決める法律 …………………… 28
4　実際の労働条件は就業規則による ……… 33
5　労働協約の力 ……………………………… 36
6　全体の関連はどうなっているか ………… 37

第3章　労働管理とワークルール
1　直接的な指導・教育 ……………………… 40
2　人事考課 …………………………………… 40
3　配転 ………………………………………… 41
4　不適切な行為にたいする懲戒 …………… 42
5　仕事上のミスを理由とする損害賠償 …… 42
6　退職の要請 ………………………………… 44
7　普通解雇 …………………………………… 44
8　懲戒解雇 …………………………………… 45

第4章　法律的な考え方
1　紛争をどうみるか ………………………… 46
2　法的な考え方がなぜ広まらないか ……… 47
3　法と道徳との関係 ………………………… 47

第Ⅱ部 ワークルールの実際

第5章 入社までの過程

1. 会社には採用の自由があるか ……………………………… 51
2. 労働契約はいつ成立するのか ……………………………… 51
3. 採用内定期間における内定の取り消し事由 ……………… 52
4. 内定期間中の労働者の義務 ………………………………… 54
5. 試用期間の終了時の本採用拒否 …………………………… 54
6. 入社過程で入手・保管すべき書類 ………………………… 55

第6章 労働契約

1. 労働契約でなにが決まっているか ………………………… 56
2. 労働契約上の権利・義務 …………………………………… 57
3. 指揮命令のあり方 …………………………………………… 58

第7章 自分らしさを守る

1. 基盤となる権利 ……………………………………………… 63
2. セクハラ ……………………………………………………… 67
3. パワハラ ……………………………………………………… 67

第8章 労働時間

1. 労働時間の規制 ……………………………………………… 69
2. 労働時間とは ………………………………………………… 72
3. 時間外労働を命じられたら ………………………………… 73
4. 労働ができない場合の賃金は ……………………………… 74

第9章 賃金の確保

1. 支払い方のルール …………………………………………… 76
2. 賃金額のルール ……………………………………………… 78
3. ボーナス ……………………………………………………… 79
4. 退職金 ………………………………………………………… 80

第10章 労働災害

1. 労災保障制度とは …………………………………………… 83
2. 業務上か業務外か …………………………………………… 84

3 安全配慮義務とは ……………………… 85
4 過労死・過労自殺を避ける ………………… 87
5 通勤災害制度 …………………………… 88

第11章 雇用の終了
1 退職か解雇か …………………………… 91
2 辞職と合意解約 ………………………… 92
3 解雇は厳しく規制されている ……………… 95
4 整理解雇が許される場合 ………………… 96

第12章 有期雇用の更新拒否
1 解雇はやはりまずい …………………… 98
2 労働契約の期間は ……………………… 99
3 更新拒否は自由か ……………………… 99
4 類推適用の仕方は ……………………… 101
5 最初の更新拒否も許されない場合がある … 102
6 期間設定の意味は ……………………… 103

第Ⅲ部 ワークルールを生かす

第13章 労働相談の仕方
1 権利意識を持つ ………………………… 106
2 日々の生活を見直す …………………… 107
3 一緒に行動する仕組み ………………… 108
4 相談の仕方 ……………………………… 109
5 企業外での解決機関に頼る …………… 110

第14章 労働組合を利用する
1 労働組合法とは ………………………… 113
2 労働組合のあり方 ……………………… 113
3 不当労働行為制度とは ………………… 114
4 なんのための団交権保障 ……………… 115
5 団交拒否の類型 ………………………… 116

著者からのメッセージ ……………………… 118

総合労働相談コーナー

都道府県名	所在地	電話番号
北海道	札幌市北区北8条西2-1-1　札幌第1合同庁舎	011-709-2311
青森	青森市新町2-4-25　青森合同庁舎8F	017-734-4212
岩手	盛岡市盛岡駅西通1-9-15　盛岡第2合同庁舎5階	019-604-3002
宮城	仙台市宮城野区鉄砲町1　仙台第4合同庁舎	022-299-8834
秋田	秋田市山王7-1-3　秋田合同庁舎4階	018-883-4254
山形	山形市香澄町3-2-1　山交ビル3階	023-624-8226
福島	福島市霞町1-46　福島合同庁舎5階	024-536-4600
茨城	水戸市宮町1-8-31	029-224-6212
栃木	宇都宮市明保野町1-4　宇都宮第2地方合同庁舎	028-634-9112
群馬	前橋市大渡町1-10-7　群馬県公社総合ビル9F	027-210-5002
埼玉	さいたま市中央区新都心11-2　ランド・アクシス・タワー16階	048-600-62
千葉	千葉市中央区中央4-11-1　千葉第二地方合同庁舎	043-221-2303
東京	千代田区九段南1-2-1　九段第3合同庁舎14階	03-3512-1608
神奈川	横浜市中区北仲通5-57　横浜第2合同庁舎13階	045-211-7358
新潟	新潟市中央区美咲町1-2-1　新潟美咲合同庁舎2号館	025-288-3501
富山	富山市神通本町1-5-5　富山労働総合庁舎1階	076-432-2728
石川	金沢市西念3-4-1　金沢駅西合同庁舎6階	076-265-4432
福井	福井市春山1-1-54　福井春山合同庁舎14階	0776-22-3363
山梨	甲府市丸の内1-1-11	055-225-2851
長野	長野市中御所1-22-1　長野労働総合庁舎4F	026-223-0551
岐阜	岐阜市金竜町5-13　岐阜合同庁舎4階	058-245-8124
静岡	静岡市葵区追手町9-50　静岡地方合同庁舎3階	054-252-1212
愛知	名古屋市中区三の丸2-5-1　名古屋合同庁舎第2号館	052-972-0266
三重	津市島崎町327-2　津第二地方合同庁舎3階	059-226-2110
滋賀	大津市御幸町6-6	077-522-6648
京都	京都市中京区両替町通御池上ル金吹町451	075-241-3221
大阪	大阪市中央区大手前4-1-67　大阪合同庁舎第2号館8階	06-6949-6050
兵庫	神戸市中央区東川崎町1-1-3　神戸クリスタルタワー15階	078-367-0850
奈良	奈良市法蓮町387　奈良第三地方合同庁舎2階	0742-32-0202
和歌山	和歌山市黒田2-3-3	073-488-1020
鳥取	鳥取市富安2-89-9	0857-22-7000
島根	松江市向島町134-10　松江地方合同庁舎5階	0852-20-7009
岡山	岡山市北区下石井1-4-1　岡山第2合同庁舎3階	086-225-2017
広島	広島市中区上八丁堀6-30　広島合同庁舎2号館5階	082-221-9296
山口	山口市中河原町6-16　山口地方合同庁舎2号館	083-995-0398
徳島	徳島市徳島町城内6-6　徳島地方合同庁舎4階	088-652-9142
香川	高松市サンポート3-33　高松サンポート合同庁舎3階	087-811-8916
愛媛	松山市若草町4-3　松山若草合同庁舎6階	089-935-5208
高知	高知市南金田1-39　労働総合庁舎4階	0120-783-722
福岡	福岡市博多区博多駅東2-11-1　福岡合同庁舎新館5階	092-411-4764
佐賀	佐賀市駅前中央3-3-20　佐賀第二合同庁舎	0952-32-7167
長崎	長崎市万才町7-1　住友生命長崎ビル3階	095-801-0023
熊本	熊本市春日2-10-1　熊本地方合同庁舎9階	096-211-1706
大分	大分市東春日町17-20　大分第2ソフィアプラザビル3階	097-536-01
宮崎	宮崎市橘通東3-1-22　宮崎合同庁舎内	0985-38-8821
鹿児島	鹿児島市山下町13-21　鹿児島合同庁舎2階	099-223-8239
沖縄	那覇市おもろまち2-1-1　那覇第2地方合同庁舎1号館3階	098-868-6060

ウェブサイト　http://www.mhlw.go.jp/general/seido/chihou/kaiketu/soudan.html

第Ⅰ部 ワークルールの基礎

第1章 働くことを考える

> これから社会に出て仕事につき働き続けていくためには、この本で紹介するようなワークルールの知識が必要です。同時に、いま会社や職場がどうなっているのか、雇用をめぐる状況を知っておかなければいけません。また、働くことの意義や働くさいに必要なことも自分なりに考えを深めておかなければ就職したときに困ることになります。

1 雇用や職場をめぐる状況

　現在、雇用や職場はどのような状況になっているでしょうか。ここでは基本的な特徴だけを解説します。職場のリアルを知るためには、先輩や両親に職場の実態を聞くこともためになります。以前、私が教えていた北海道大学の労働法のゼミでは、卒業生に仕事の内容と職場の実態について、朝起きてから寝るまでの1日の流れと仕事をして楽しいことを中心に話してもらいました。リクルーターの話より身近なこととして聞くことができ、ためになったという声が学生から寄せられました。私にとっては教え子の成長を感じる機会でもありました。

多様な働き方がある

　働くといえば、会社での労働をイメージする人が多いと思いますが、それだけではなく以下のような多様な働き方があります。【図1】

① **農業や自営業、家族従業者**——開業医や独立したIT技術者も含みます。自分のリスクで働くので、それだけ自由でやりがいもあります。その反面、制度的な生活保障の仕組み、とりわけ

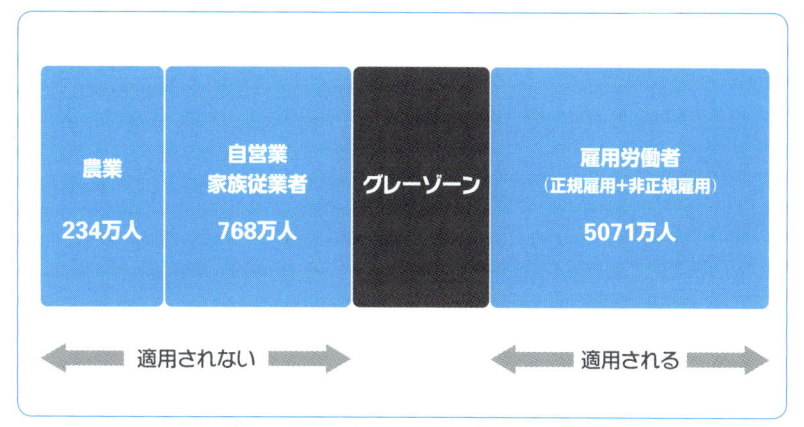

図1　ワークルールが適用される働き方・されない働き方

失業保険は必ずしも完備されていません。1990年から2010年の20年間で1395万人から768万人へと減少しています。

② **会社・役所に勤める雇用**——このような働き方が一般的でその割合が増加しています。この20年間で会社などの役員を除く雇用労働者は4369万人から5071万人へと約700万人増加しています。最近では、NPOで働く人も増えています。この雇用労働者の多くは、会社で働くので労働基準法（以下、労基法）等のワークルールが適用されます。

働き方は、以上のように自営と雇用とに大きく二分されていますが、その中間的な働き方もあります。たとえば、個人タクシーの運転手や独立して仕事をしている商品販売員（たとえば、ヤクルトスタッフ）、NHKの集金人などです。経済的には弱い立場にありますが、仕事の仕方について直接のコントロールを受けていません。というより、受けないことになっています。雇用ではないので労基法等の規制は受けません。このような働き方について、どのような保護を与えるべきかが重要な問題となっています。

そのほかに家事も働くことにほかなりませんが、雇用されてはいないのでやはりワークルールは適用されません。

雇用が不安定化している

雇用といってもその態様は、身分が安定している正規雇用と安定していない非正規雇用に二分されます。その中間的な、正規ではあるが不安定な雇用（名ばかり正社員）も増加する傾向にあります。【図2】

2010年には、役員を除く雇用者のうち正規雇用は65.6%であり、非正規雇用が34.3%を占めています。3分の1以上が非正規であり、その割合は増加する傾向にあります。その理由としては、

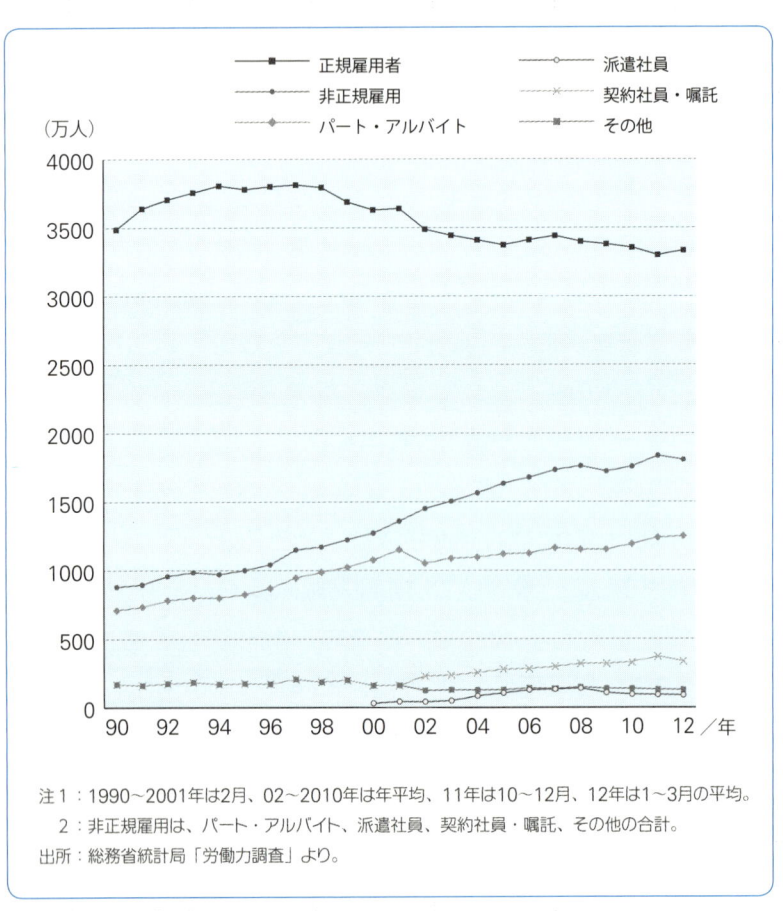

注1：1990〜2001年は2月、02〜2010年は年平均、11年は10〜12月、12年は1〜3月の平均。
　2：非正規雇用は、パート・アルバイト、派遣社員、契約社員・嘱託、その他の合計。
出所：総務省統計局「労働力調査」より。

図2　増大する非正規雇用

人件費の節約や雇用量を自由に調整したいという会社側の要請があげられています。経営コストの側面からすればそのとおりでしょうが、働く者の立場や将来的な社会のあり方からすると根本的に考え直すべき課題です。

また、非正規雇用のうちパート・アルバイトが67.9%、派遣社員5.5%、契約社員・嘱託18.8%となっています。注目すべきなのは、若年層で非正規の割合が高くなっていることです。【図3】

非正規雇用の特徴として3点を指摘することができます。

① **多くは期間の定めのある有期雇用であり、いつ更新の拒否がなされるかもしれず不安定**——とりわけ、リストラが必要となると最初にその対象になります。また、長期間勤めていても正規雇用になるのは容易ではありません。

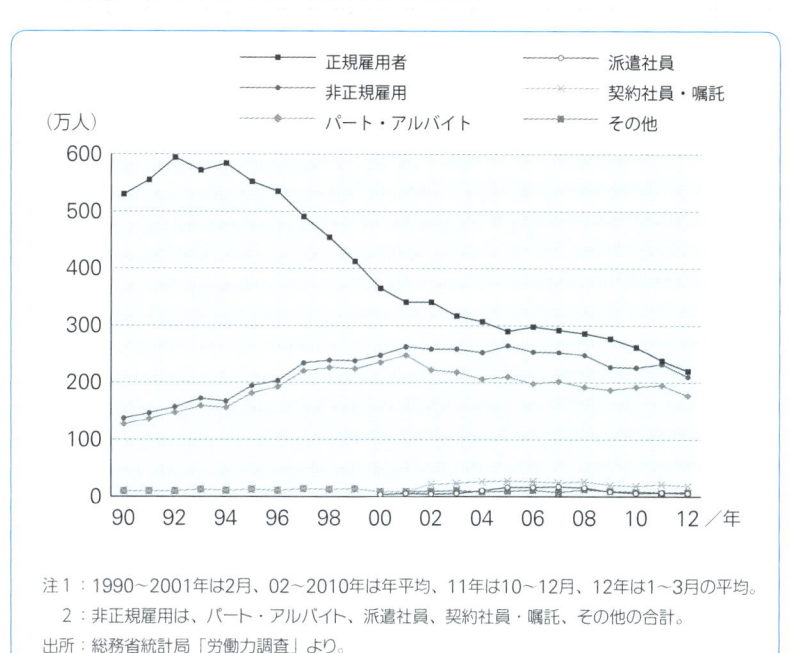

注1：1990～2001年は2月、02～2010年は年平均、11年は10～12月、12年は1～3月の平均。
2：非正規雇用は、パート・アルバイト、派遣社員、契約社員・嘱託、その他の合計。
出所：総務省統計局「労働力調査」より。

図3　非正規の割合が高い若年層（15～24歳）

② **低賃金**――非正規雇用の約4分の3は、年収200万円以下のいわゆるワーキングプア層といわれています。親の援助で生活している人も多く、失業や病気になると生活保護の対象になりがちです。また、賃金の支払われ方も、時間給が多く、「仕事」というより労働力の切り売りという性質になりやすく、賃上げもあまりなされません。

③ **仕事の内容は比較的単純**――職場内におけるキャリアの形成は困難といえます。職業訓練の機会もそれほど恵まれていません。転職のさいにも非正規雇用の実績はそれほど評価されません。

正規雇用も楽ではない

　雇用が安定しているかどうかという観点からは、正規雇用が有利ですが、働き方においては厳しさが要求されています。具体的には、転勤の可能性が高く、労働時間も長時間となりがちです。また、労務管理が厳正におこなわれ、個人の能力を重視する賃金体系、たとえば成果主義賃金や年単位で賃金が決まる年俸制であったり、さらに労働時間の規制を受けない裁量労働制が採用されている場合もあります。過労死や仕事のストレスでうつ病になるケースも珍しくありません。

失業率も高止まりしている

　不安定雇用とはいえ、仕事があればまだよいかもしれません。就職できない失業者も少なくなく、就職希望者に占める失業者の割合を示す失業率は、ここ数年4.5％から5％にもなります。若年者の失業率はその2倍で、10％近くになります。かなりの高さですが、それでも実数より低いといわれています。なぜなら、調査対象期間にすこしでも働いた場合には失業者に該当せず、また、就職を希望していることが要件となるからです。何回も就職試験に失敗し

図4　若年者が高い失業率

て、もういやだと思った人は、働く意思がないとみなされて失業者にカウントされないのです。【図4】

2　働くことを考える

　生きる力やキャリア教育の論議は盛んですが、「労働とは何か」、「会社で働くことの意義は何か」についてはあまり問題にされていません。そこで、ここでは、働くことの意義と働き続けるために必要なことがらについて考えてみます。いわば「働き方」原論です。

なぜ働くのか

　人はなぜ働くのでしょうか。日本人というより人類は歴史上ずっと貧しかったので、多くの人はこのような問いに悩むことはありませんでした。働かなければ生きていけなかったからです。また、仕事も親の仕事を受け継ぐ場合が多く、その点でも選択に迷うことは

ありませんでした。選択の自由がない分、その点での悩みもありませんでした。もっとも、自由に生きるためには人一倍の努力が必要でした。

では、人はなぜ働くのでしょうか。通常次の3つの側面から論じられています。

① **お金を稼ぐため、つまり経済的な自立をするため**――私たちが生活している社会は、基本的に自己責任を原則としています。子どもの時代は親によって扶養されますが、一人前になって自分のリスクで生きるためには経済力が欠かせません。結婚し、子どもを育て、次の世代へバトンタッチするためにも一定の経済力が必要です。この経済力をつけることが働くことのもっとも基本的な目的といえます。その点からは、働きに見合った賃金の額が重要となります。賃金は生活費にほかならないからです。ですからワーキングプアは、本人にとっても社会的にも大きな問題です。

② **人間的な成長のため**――働くということは、仕事の仕方について、上司の指示に従うと同時に自分で工夫をし、同僚と共同して作業を遂行する必要があります。一定の強制を受けて継続して働くことによって、他人に対する配慮と自分を見つめることが多くなり、それだけ自己成長が図られます。

　自分の意思を適切に伝え、相手の意向を理解するコミュニケーション能力も身につきます。身につかなければ働き続けることは困難です。とりわけ、職場には異なった年齢層や価値観をもった人がいるので、人に対する観察力もはぐくまれます。これは学校社会や友人関係だけで獲得することは困難です。

③ **社会参加もしくは社会貢献のため**――働くことは他人や社会のニーズに関連しています。物を販売する仕事は、その生産、流通、宣伝、販売等の仕事と密接に連動しています。それで社会

的ネットワークが形成されて国の経済が展開します。よく仕事をしていてうれしかったこととして、お客さんに感謝されたことがあげられます。これも社会参加の一つの形態といえます。

ところで、働き方との関連で、よく「自分らしい働き方」をしたいという意見が述べられます。北海道大学のゼミで法学部の4年生にたいし、どのような働き方が好ましいかとたずねたことがあります。多くの学生から「自分らしい働き方」という答えが返ってきました。このもっともらしい答えにたいして、異議を唱えることは困難です。ただ、「自分らしい」といっても、その内容は千差万別です。その具体的な中身まで論じられなければ意味がありません。そこで、「自分らしい」という表現を使わず答えるようにといったところ、困った様子でした。「自分らしさ」という答え、これさえいっていれば他人からとやかく言われない、自分も納得するマジックワードにほかならないからです。

私は、「自分らしい」という表現は、はっきりいえば無内容だと思います。「自分らしさ」を自分のことばでどう他人にたいして表現するか、これこそが問われているのです。「自分らしさ」にこだわらなくとも、どんな場合でも自分らしさは出ます。この点について、あまりナイーブになる必要はないと思います。

働くことに必要なこと

働くことの意義とともに、働くとき、とりわけ働き続けるためになにが必要かを知ることも重要です。これは4つあります。

① **毎日遅れずに出勤する体力・気力**──一定の体力と気力がなければ何事もできません。他人から信頼される最低限の勤勉さといえます。学校は、この勤勉さを養成する一つの仕組みです。

② **組織の一員としての対人的能力（協調性）やコミュニケーション**

能力──会社では上司の指示のもとで、もしくはチームとして働くことが多いのでこの能力は不可欠です。具体的には、相手の言うこと、ニーズにかんする適切な理解能力や自分の思っていることを伝える表現・発言能力です。適切なコミュニケーションのためには、まず何を伝えるかを自分なりにはっきりと把握することが必要です。笑顔よりも伝えるべきメッセージ内容が重要です。笑顔も捨てがたいですが。

④ **仕事にかんする知識・能力**──仕事の内容にもよりますが、関連する専門性や資格(運転免許等)が必要です。進学のさいにぜひ知っておくべき情報です。

⑤ **仕事をするさいの権利・義務を定めるワークルールにかんする知識**──これは就職のときだけではなく働き続けるためにも不可欠です。転職が多い理由の一つは、ワークルールを知っていない、もしくは守られていないことにあるからです。このワークルールは、労働条件だけではなく、職場における服装や髪型の自由、職場イジメなどにも関係します。また、「自分らしさ」を職場で堅持するためにもワークルールの知識は欠かせません。

3 ワークルールの実現

ワークルールはそれを知るとともに実現することが重要です。そのための方策・工夫として4つのことを指摘できます。

① **労働基準法・最低賃金法・労働組合法・労働契約法等についての知識が必要**──法律の条文は、本やネットなどで簡単に調べることができます。本書では、ワークルールにかかわる主要な法律と、それらの法律にかかわる重要な裁判例を紹介しています。裁判例を紹介するのは、法律が実際にどのように使われているかを知るためです。

② **心構え・気合いを持つこと**——自分や同僚にたいするルール違反行為を「許せない」というある種の正義感です。この気持ち、よりリアルにいえば気合いは、職場で実際に権利主張する場合に不可欠です。怒りにまかせてまくし立てるのではなく、冷静にかつ論理的に議論をする能力が問われます。

　ともかく会社や上司に文句を言うことになるのですから気楽にできることではありません。「教えること」が難しいことがらです。とくに、異論を言うことを極端に嫌う日本文化のなかでは難しい。しかし、自分や同僚を守るためには、この対立関係を怖がらない気持ちは必要です。法的な世界はこのような人間像を前提にしています。

③ **コミュニケーション能力**——仕事を適切に遂行するためにも必要ですが、ワークルールの実現のためにはより高度のコミュニケーション能力が不可欠です。敵対的な、かつ上司との関係が前提となるからです。自分の立場を的確に主張するとともに相手の立場を理解する能力です。その前提としてなにが論点であり、問題であるかが分かることも重要です。KY好きの若者は、「分かり合う関係」を好みますが、違った立場の人との論争はどうも苦手です。感情的にならず、無視もしないで、緊張をもって自分の見解を話すことは、大人であることの基本的な資質です。

④ **職場でのサポート**——権利主張は個人だけでは難しいので職場でのサポートがとても大事です。友人や同僚などの職場における人間関係や労働組合の役割が重要です。友情は容易にわかるでしょうが、「労働組合」的な連帯も捨てがたいと思います。労働組合は、労働条件を維持改善するだけではなく、職場の問題を話し合う場としても重要です。

第2章 労働条件はどのように決まっているか

自動車免許を取得するためには、道路交通法などの関連法規の知識が不可欠のように、会社で仕事をするためにはワークルール（労働法）の知識が必要です。でも実際には、あまりにも知らなすぎます。学校でも、公民や政経で労働法を知識として学んだとしても、その知識を使えるようには教えていません。そこで、まず、労働条件が法律でどのように決定されているかを考えてみましょう。

1 労働法の基礎を知ろう

　労働法は、職場で発生する労働者と使用者（会社）との間で生じる法的な紛争を解決することを目的とします。この労働法の基本となるポイントは次の3つです。

① **会社に雇われてする労働は「従属労働」である**――具体的には、労働者は使用者より取引上の地位が弱く、使用者の指揮命令の下で働くという特質があります。労働者と使用者の関係（これを労使関係といいます）は、建前では平等であり、労働の仕方も多様ですが、現実には労働者は使用者に従属している（「従属性」がある）という認識が共通の出発点となります。ちょっと考えればわかることですが、不況などで雇用が不安定になると、労働者の立場は弱くなり、ますます従属性は強まります。注意してほしいのは、「従属性」が好ましいといっているわけではありません。そのような実態があるということを指摘しているのです。

② **労働者は生存権を保障されている**——憲法 25 条は、「すべて国民は、健康で文化的な最低限度の生活を営む権利を有する。」と定めています。「従属性」があるために、つねに低賃金、長時間労働、危険な仕事、失業などの弊害が生じる危険性があります。その結果、労働者本人や家族の生存さえ危ぶまれる事態も生じます。そこで、生存権を保障するために特別な規制が必要となります。それが雇用保障や人間らしい労働条件の確保などにかんする権利保障です。

③ **団結権が保障されている**——憲法 28 条は、「勤労者の団結する権利及び団体交渉その他の団体行動をする権利は、これを保障する。」と定めています。弱い立場にある労働者が、使用者との関係において交渉力を高め、労働条件を維持・向上させるためには、集団化つまり団結することが不可欠です。そこで、労働組合を結成したり、集団として交渉する権利が保障されたりしました。労働組合は、労働条件の維持改善のためだけではなく、職場における自由や人権保障のためにも必要な組織といえます。

以上が労働法の特徴ですが、最近、個人の自立の観点から「労働者人格権」も強力に主張されています。これは「幸福追求権」の一環であり、憲法 13 条が「すべて国民は、個人として尊重される。生命、自由及び幸福追求に対する国民の権利については、公共の福祉に反しない限り、立法その他の国政の上で、最大の尊重を必要とする。」と定めています。髪型や服装の自由を主張する自己決定権、健康情報の自己管理等を重視するプライヴァシー権などの新しい権利です。

全体的にいえば、労働法は、使用者に比べて従属的地位にある労働者にたいし、その生存と尊厳を守るために団結する権利を保障するものといえます。これがワークルールの基礎を構成します。

2　労働契約が出発点

労働条件は労使対等で決定するのが原則

　労働条件は、労働者と使用者が結ぶ「労働契約」が基礎になって決定されます。つまり、労使間の合意によって賃金、労働時間、仕事の内容などは決定されるのです。誰と契約するか、またどのような内容の契約をするかは労使の自由であり、労使対等での合意がめざされます。そこで、労働契約法3条1項は、「労働契約は、労働者及び使用者が対等の立場における合意に基づいて締結し、又は変更すべきものとする。」と規定しています。実際には、労働契約の締結のさいに労働者の要求がとおることはあまりありません。しかし、対等な立場で決定するという建前はとても重要です。

　この労働契約の内容は、契約書などの文書や面接のときの会社の発言などから判断されます。たとえば、面接のときに、「親の介護のために札幌を離れることはできません」と発言し、使用者がそれを認めた場合には、勤務地は札幌に限定され、東京本社への転勤命令は出せなくなります。もっとも、書面がない場合、面接のときに合意した内容を労働者が裁判で立証することは困難ですが。

　したがって、労働契約を締結したさいの文書は大切に保存しておく必要があります。その文書には、労働契約書だけではなく、求人票やアルバイト情報誌の関連記事なども含まれます。労働契約法も労働条件の文書による確認を推奨し、その4条2項は、「労働者及び使用者は、労働契約の内容（期間の定めのある労働契約に関する事項を含む。）について、できる限り書面により確認するものとする。」と定めています。また労基法15条も「使用者は、労働契約の締結に際し、労働者に対して賃金、労働時間その他の労働条件を明示しなければ

ならない。」と定めて、労働契約を締結するときに労働条件を明示することを義務づけているわけです。労働条件を知ることは、自分を守るためになによりも大切なことです。【図5】

労働契約書

フリガナ		性別	生年月日	年　月　日生
氏　名				
現住所				

契約事項

労働契約期間	年　月　日より 年　月　日まで	賃金	基本給月額	円
			家族手当	円
			手　当	円
就業の場所			手　当	円
			手　当	円
従事する業務の種類			手　当	円
就業時間	午前　時　分より 午後　時　分まで (うち休憩時間　分)		通勤手当	
			賃金締切日	毎月　日締切
			賃金支払日	毎月　日支払
休　日			支払時の控除	
時間外労働・休日労働の有無			昇　給	
休　暇				
退職に関する事項 (解雇の事由)				
その他				

上記以外の労働条件等については当社就業規則によります。

　　年　月　日
　　　　使用者
　　　　　　　　　　　　　　　　　　　　　　　　　　　　印
　　　　労働者

図5　労働契約書

労働契約による労働条件の変更

　労働契約については、締結とともにその内容の変更が問題になります。現在、賃下げなど、労働条件を労働者に不利に変更することをめぐる紛争が多くなっています。しかし、使用者は、一方的に労働条件を変更することはできず、労働者の「同意」が不可欠です。なぜなら契約で決まっているからです。でも、実際には、労働者がノーということは難しいので、黙認するかたちになりがちです。そうすると、合意があったとみなされてしまいます。ここでは、イエスと言うかノーと言うかが問われているのです。

　「黙認でも合意したことになるのか」、裁判例はこの点について適切なチェックをしていません。もっとも、労働者が的確な判断をできるように、使用者に十分かつ適切な情報提供や説明を義務づけるべきだという判断も示されています。なお、労働契約法4条は、契約内容を書面化することを求め、この点について一定の配慮をしていますが、労働者の意思が真意かどうかというレベルまでは要求していません。

3　労働条件を決める法律

　「契約の自由」が重要とはいえ、実際には会社が一方的に労働条件を決定している場合が多いのが現実です。労働者は、労働条件に不満があっても、家族のことを考えると、そう簡単にやめることはできません。そこで、適正な労働条件を確保するために、労働法は3つの仕方でこの「契約の自由」の原則を大幅に修正しています。これは適正な労働条件を確保するとともに、労働者の尊厳や人格を守るためでもあります。具体的には、①労働条件を決める法律、②就業規則、③労働協約の3つで、これらが基本的なワークルール

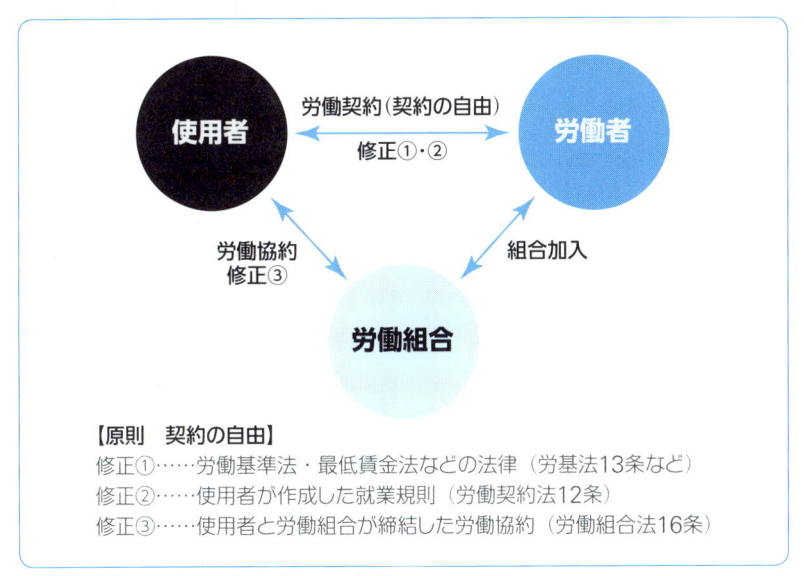

【原則　契約の自由】
修正①……労働基準法・最低賃金法などの法律（労基法13条など）
修正②……使用者が作成した就業規則（労働契約法12条）
修正③……使用者と労働組合が締結した労働協約（労働組合法16条）

図6　「契約の自由」の原則を修正する仕組み

といえます。【図6】

最低基準を定める労基法

　まず、労働条件を決める法律として労基法があります。労基法は、労働条件の最低基準を定めています。その規準に違反した使用者にたいしては刑事罰を科し（労基法117条以下）、そして、「この法律で定める基準に達しない労働条件を定める労働契約は、その部分については無効とする。この場合において、無効となった部分は、この法律で定める基準による」（13条）と規定しています。

　労基法の基準を下回る労働条件を定める契約は無効となるのです。つまり、労基法の基準よりも低い条件でもかまわないと労働者が合意しても、その効力は認められないこととなり、労基法で定める労働条件が確保されます。

　たとえば、労働契約で労働時間を1日9時間と決めても、その内容は労基法の規定に違反する（32条で最長8時間と規定されている）の

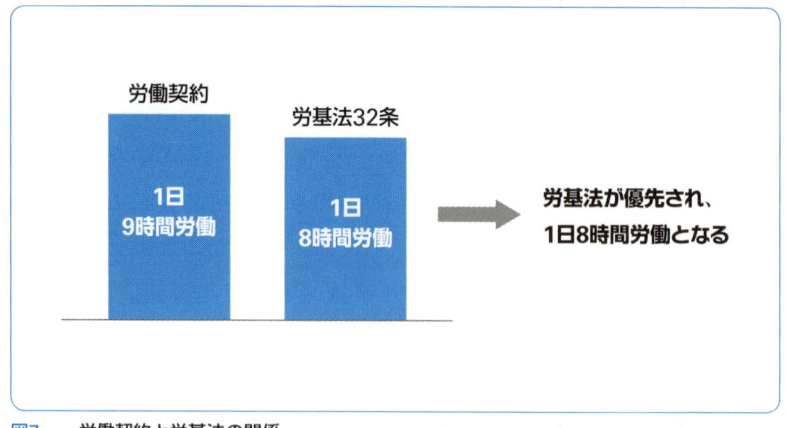

図7　労働契約と労基法の関係

で、この契約は無効となり、労働時間は8時間とされます。労基法の基準は、札幌だろうが東京だろうが内容が同じであり、国レベルの最低基準といえます。【図7】

　使用者と労働者の個別の合意に優先するこのような規定を「強行法規」といいます。労基法だけではなく、最低賃金法、男女雇用機会均等法（以下、均等法）など労働関係にかかわる法律のほとんどは強行法規です。それだけ、これらの法律の内容を知っておく必要があるわけです。

労働条件を確保するための多様な法律

　労働条件としては賃金と労働時間が中心ですが、それ以外のワークルールについても以下のようにさまざまな法律が定められています。

① **労働契約に関する労働契約法**──労働契約法は、労使対等な立場での労働契約の締結、信義に従って契約を履行すべきことなどを定めています。また、就業規則と労働契約との関連について定めています。なお、以下の法律も、そこで定める基準が労働契約の内容になることによって労働契約の問題になります。

② **労働条件にかんする法律**

賃金――最低賃金法や賃金支払い確保法があります。最低賃金法によって各都道府県ごとに最低賃金が定められています。これは毎年変動しますので最新の額を知っておきましょう（78頁参照）。賃金支払い確保法は、企業が倒産したときに未払いになっている賃金を国が立て替え払いをすることなどを規定しています。労働基準監督署に相談するとよいでしょう。

労働時間――労基法が1日8時間、週40時間の最長労働時間を定めています。同時に、多くの適用除外、緩和規定があります。

労働災害・安全衛生――労基法、労働者災害補償保険法、じん肺法、「石綿による健康被害の救済に関する法律」さらに労働安全衛生法があります。中心となるのが労働者災害補償保険法で、労災にたいし社会保険としての給付を定めています。また、通勤災害についても独自に補償をしています。仕事上のけがや病気にかんしては、労災保険以外に民事裁判での請求も認められています。

育児・介護――育児や介護のための休業を定める育児介護休業法があります。働き続けるためのワークライフバランスにかんする法律です。

③ **特定の労働者にかんする法律**

特定の雇用形態を前提としたもの――家内労働法、労働者派遣法、パート労働法があります。労働者派遣法は、労働者派遣をめぐる派遣元、派遣先、派遣労働者の権利・義務関係を定めています。

特定の労働者グループを対象としたもの――障害者雇用促進法、均等法、高年齢者雇用安定法があります。均等法は、職場における性差別を全面的に禁止するとともにセクハラを防ぐための措置について定めています。

①労働契約にかんする法律	労働契約法
②労働条件にかんする法律	
賃金	最低賃金法、賃金支払い確保法
労働時間	労働基準法
労働災害・安全衛生	労働基準法、労働者災害補償保険法、じん肺法、石綿による健康被害の救済に関する法律、労働安全衛生法
育児・介護	育児介護休業法
③特定の労働者にかんする法律	
特定の雇用形態を前提としたもの	家内労働法、労働者派遣法、パート労働法
特定の労働者グループを対象としたもの	障害者雇用促進法、男女雇用機会均等法、高年齢者雇用安定法
④雇用保障にかんする法律	
解雇	労働契約法、労働基準法、労働安全衛生法、男女雇用機会均等法、育児介護休業法、労働組合法、個別労働関係紛争解決促進法
職業紹介・失業	職業安定法、雇用保険法
⑤個別労働紛争の処理・解決	個別労働関係紛争解決促進法、労働審判法、労働委員会のあっせん

図8　労働条件を確保するための法律・制度

④ **雇用保障にかんする法律**

　解雇──労働契約法16条の「解雇は、客観的に合理的な理由を欠き、社会通念上相当であると認められない場合は、その権利を濫用したものとして、無効とする。」という規定によって、相当な理由のない解雇を禁止しています。また、多くの法律でさまざまな差別的な解雇を禁止しています。

　職業紹介・失業──職業安定法が職業指導や職業紹介について、また雇用保険法が失業保険について規定しています。

⑤ **個別労働紛争の処理・解決**──「個別」というのは労働組合がかかわらないという意味です。労働局における個別労働関係紛争解決については個別労働関係紛争解決促進法が、また裁判所における解決については労働審判法が定められています。そのほかに、各地の労働委員会においても個別労働紛争のあっせん

をおこなっています。【図8】

以上、いろいろな法律を紹介しましたが、労働関係の法律を調べるためには、労働政策研究・研修機構編『労働関係法規集』が便利です。より詳しいものとして、『労働六法』(旬報社) があります。それぞれ新しく制定された法律を加えた年度版が出版されます。

4 実際の労働条件は就業規則による

労働条件については、労働契約で決めるのが建前ですが、実際には就業規則によって決められています。会社が労働条件を個々ばらばらに決めるのは大変ですし、またその時々で変更する必要があるからです。そのためには就業規則がとても便利です。もっとも、就業規則は使用者が一方的に決めるものなので、その内容が労働者に不利になることも多く、紛争も発生しています。

まず、就業規則の作成手続きを確認しましょう。労基法は常時10人以上を使用する使用者にたいして就業規則の作成を義務づけています (89条)。また、就業規則は、使用者が一方的に決定、変更することができます。もっとも、事業所 (たとえば、工場や事務所) の従業員の過半数代表の意見を聴取する義務はありますが、同意までは必要されません (労基法90条)。労働者が文句をいっても使用者が聞かなければどうしようもないわけです。使用者は、就業規則を労働基準監督署に届け出、労働者の見やすい場所に掲示するなどして周知する義務があります (106条)。

就業規則の効力

なぜ、周知する義務があるかというと、就業規則には次の3つの重要な効力があるからです。入社したら必ず就業規則を読むようにしましょう。

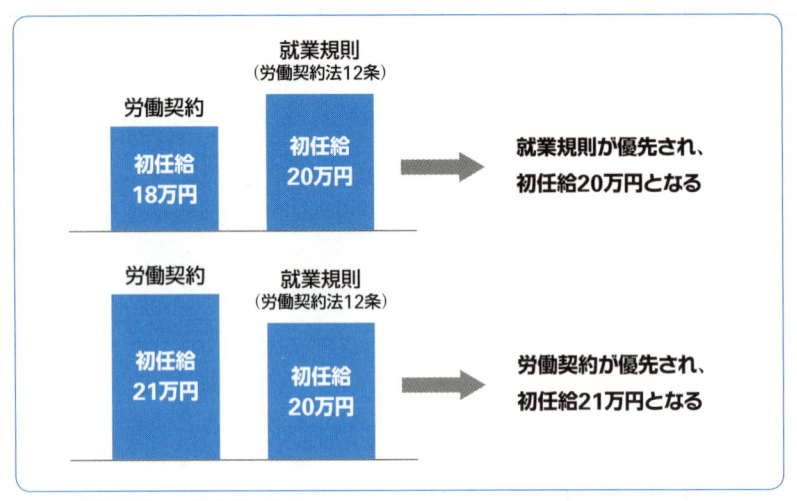

図9　労働契約と就業規則の関係

① **職場の最低労働基準となる効力**——労働契約法は「就業規則で定める基準に達しない労働条件を定める労働契約は、その部分については無効とする。この場合において、無効となった部分は、就業規則で定める基準による」（12条）と定めています。その内容は職場における最低基準となり、使用者をも拘束する点が重要です。

　たとえば、初任給について就業規則が20万円と規定していた場合に、入社時の労働契約で18万円と約束していても、その人の初任給は20万円になります。20万円が最低基準だからです。では、就業規則より有利な21万円と約束していたらどうでしょうか。この場合には個別契約が優先され、初任給は21万円ということになります。この職場では、どんな場合でも最低20万円は保障されているわけです。【図9】

② **契約内容を補充する効力**——就業規則は職場の労働条件の最低基準となるとともに、労働契約に定めがない部分については就業規則の内容が契約内容になるという効力もあります。労働契約法7条は、「労働者及び使用者が労働契約を締結する場合に

おいて、使用者が合理的な労働条件が定められている就業規則を労働者に周知させていた場合には、労働契約の内容は、その就業規則に定める労働条件によるものとする。」と定めています。個別の労働契約では、労働条件の細かなことまで定めていない場合が多いので、この規定はとても重要です。たとえば、ボーナスの支給時期や基準、配転義務や出向義務の有無、懲戒ルールなどは、ほとんど就業規則だけで決められています。

　もっとも、就業規則の内容によるといっても、合理性が要求されるのであまりにも問題の多い条項は拘束力を持ちません。たとえば、「無断欠勤1日で懲戒解雇ができる」という規定などです。

　具体的な労働条件はほとんど就業規則（だけ）で定められているので、実際の労使紛争においては、就業規則の定めやその解釈がキー・ポイントとなります。その意味では、労使とも就業規則の内容をよく知っておく必要があります。そこで、就業規則にかんしては従業員へ周知することが会社に義務づけられているのです。

③ **労働条件を不利益に変更できる効力**──就業規則は職場の最低基準になるので、それを不利益に変更すると労働者に大きな影響をあたえます。つまり、その後に入社した人には新たな規定が適用され、さらに、いままで旧規定で働いた人についても変更に合理性があれば新たな規定が適用されるからです。

　そこで、労働契約法10条は、変更の合理性と就業規則の内容の周知を要件として、不利益変更の効力を認めると定めました。この合理性については、「就業規則の変更が、労働者の受ける不利益の程度、労働条件の変更の必要性、変更後の就業規則の内容の相当性、労働組合等との交渉の状況その他の就業規則の変更に係る事情」によるとされています。

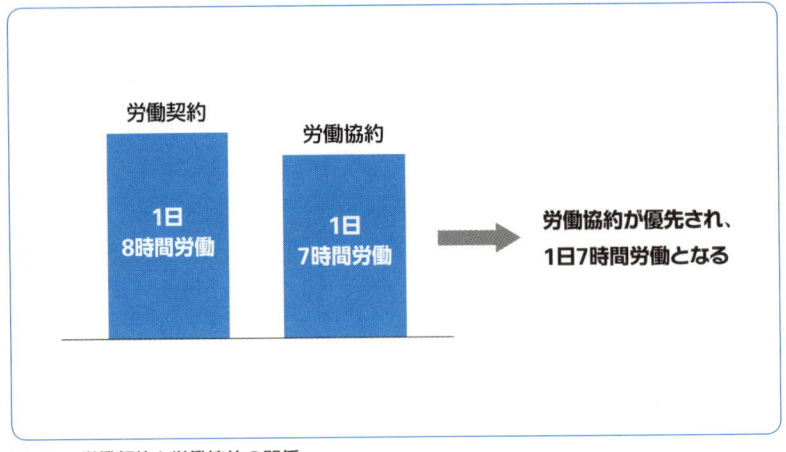

図10 労働契約と労働協約の関係

5 労働協約の力

　就業規則や労基法等のほかに、労働組合と使用者の間で労働協約が締結されている場合には、協約によって定める基準も契約内容を規制します。労働組合法（以下、労組法）16条は、「労働協約に定める労働条件その他の労働者の待遇に関する基準に違反する労働契約の部分は、無効とする。この場合において、無効となった部分は、基準の定めるところによる。労働契約に定めがない部分についても、同様とする。」と定めています。これを労働協約の「規範的効力」といいます。どういうことかというと、労使間で設定した労働協約の基準を下回る労働契約の内容は、協約の基準にまで引きあげられるのです。組合を結成し集団化することにより交渉力が高まるからです。【図10】

　ところで、この規範的効力について留意すべき点があります。
　ひとつは、規範的効力は原則として組合員だけに及ぶという点です。非組合員については、就業規則によって規制することになる傾

向があります。

　もうひとつは、労働契約の内容よりも不利な協約にも規範的効力が認められるかという問題です。協約によってこれまでの労働条件を不利益に変更できるかというかたちで争われます。組合を通じて労働条件を決定するという趣旨から、判例は不利益変更についても規範的効力が及ぶと解しています。つまり、不利益変更に反対の組合員をも拘束するというわけです。もっとも、そのような効力が認められるためには、組合内部おいて組合規約に従った民主的な手続によって意思形成がなされていなければなりません。

6　全体の関連はどうなっているか

　以上のように、労働条件は、労働契約、労基法などの法律、就業規則、労働協約によって定まります。では、それらの具体的な内容が異なるときには、どれが優先し、どのように決められるのでしょうか。

　まず、労基法などの法律が最低基準となり、労働契約、就業規則、労働協約はこれに違反することはできません。違反するような合意をしても無効、つまり法的には効力が認められません。労基法以上

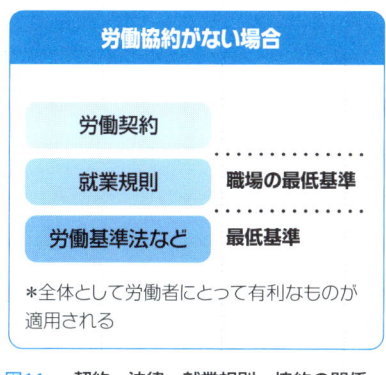

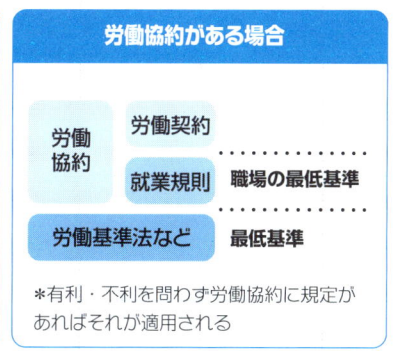

労働協約がない場合	労働協約がある場合
労働契約 就業規則　職場の最低基準 労働基準法など　最低基準 ＊全体として労働者にとって有利なものが適用される	労働協約　労働契約 　　　　　就業規則　職場の最低基準 労働基準法など　最低基準 ＊有利・不利を問わず労働協約に規定があればそれが適用される

図11　契約・法律・就業規則・協約の関係

に有利な労働条件を定めることは当然許されます。

　次に、この三者の関係は、労働協約がある場合とない場合とで大きく異なります。

　労働協約がある場合には、原則として有利、不利を問わず労働協約の内容が優先します。労働協約にはそれだけ強い効力が認められているのです。

　他方、労働協約がない場合や協約が規制していない部分については、就業規則が職場における最低基準となります。就業規則より労働者に有利な労働条件については、契約の自由の対象となり、この合意は有効とされます。しかし、就業規則の規定より不利な合意は無効となります。【図11】

第3章 労務管理とワークルール

> 雇用をめぐるトラブルがおこると、使用者は労務管理上さまざまな対応をおこないます。ここでは、どのような対応方法があるか、またそれらにかんするワークルールを知っておきましょう。

　なんらかの問題を起こした労働者にたいする労務管理的な対処として、以下のパターンが考えられます。ソフトなものからいえば次のようになります。

① 　直接の指導・教育
② 　人事考課
③ 　配置換え
④ 　解雇以外の懲戒処分
⑤ 　損害賠償の請求
⑥ 　退職の要請
⑦ 　普通解雇
⑧ 　懲戒解雇

　このうち、インフォーマルなものを含めて、労務管理としては①がもっとも一般的かつ重要なものです。②③④は、よりフォーマルな処遇方法になります。それぞれ法的な性格は異なっていますが、会社としては事案に応じて柔軟に使い分けています。他方、⑥⑦⑧は、雇用終了を目的とするので、一応、最終段階の措置といえます。

　たとえば、職務能力との関連では①②③⑥⑦が、ルール違反との関連では①②③④⑧が使われます。とはいえ、トラブルを理由とする左遷のように②③④に関

連するケースも少なくありません。

　なお、⑤は仕事上のミスを理由として、使用者が労働者にたいし損害賠償の請求をすることです。人事権の行使とは性質が異なりますが、制裁的な側面があるのでとりあげます。

1　直接的な指導・教育

　職場で問題のある行為がなされた場合に、懲戒処分や解雇がなされるのはまれです。最初の段階ではなんらかの指導や教育がおこなわれます。これは、その後なされるかもしれない懲戒権や解雇権の行使が、濫用か否かを判断するさいにも重要な考慮要素となります。

　これまで職場での日常的な指導や教育が法的な問題になることはあまりありませんでした。ところが最近、指導のさいの言葉使いや表現の違法性がパワハラとして直接争われるようになりました。

　また、明確な業務命令のかたちをとる指導・教育については、強制力があるために労働者の利益を害する程度が大きくなり、その適否が争われています。指導・教育の目的が、「いやがらせ」にあるなど濫用的であったり、肉体的に過酷なものについては違法とされ、損害賠償の請求が認められています。最近では、福知山線脱線事故を起こしたJR西日本など、JRの「日勤教育」のあり方が争われています。

2　人事考課

　人事権行使の前提として、または人事権行使として人事考課や査定がおこなわれています。勤務成績や態度を評価し、その結果を昇進や昇給に反映させるものです。通信簿のサラリーマン版といえます。この人事考課については、主に労働組合員を差別する事件や性

差別事件として争われてきました。

　最近は、差別事案以外の紛争が増加しています。そこでは、労働契約上の人事考課「権」の法的根拠や権利行使のさいのルールが正面から争われはじめています。なぜ、使用者は一方的に賃金額を決定できるのか、という問題です。裁判上は、人事考課の手続きや基準に問題がある場合をのぞき、人事考課が違法とされた例はあまりありません。しかし、人事考課の結果は賃金額に直結するので手続的にも内容的にも公正におこなうべきであるという見解が有力になっています。

3　配転

　配転は、勤務地が変更される「転勤」と仕事の内容が変更される「配置換え」があります。いずれも同一会社内の異動です。他方、出向は、関連会社など別の会社への異動を意味します。

　配転は、もっとも一般的な人事処遇上の措置です。最高裁は、後述の東亜ペイント事件（本書60頁）以来、使用者に広範な裁量を認めています。もっとも、その目的が明確に濫用的なケースについては違法・無効とされます。たとえば、退職に追い込むために能力を発揮できない部署へ配転することなどです。

　配転との関連では、人事権行使としての降格が許されるかも争われています。降格の効果としては、職位の変更と賃金の減額があります。前者については使用者に裁量の幅が広く認められています。他方、賃金減額についてはそれを根拠づける明確な合意や規定が必要と解されています。賃金額はあくまで労使の合意によって決定すべきであるからです。

4 不適切な行為にたいする懲戒

　労働者に不適切な行為があった場合に、それが職場秩序に違反するならば多様な懲戒処分がなされます。懲戒の種類としては軽いもの（始末書の提出）から重いもの（懲戒解雇）まであります。中間的に、訓告、戒告、罰金、出勤停止、停職などがあります。懲戒解雇が認められるのは悪質な企業秩序違反行為にたいしてであり、厳しく制限されています。それ以外のより軽い懲戒処分は、制裁を加えるとともに教育的な機能があります。指導・教育と軽い懲戒処分を通じて柔軟な労務管理がなされるわけです。

　懲戒の場合は、懲戒事由、手続きなどについて明確な法的根拠が求められます。通常はその旨定める就業規則の存在が必要です。また、減給については、その割合が労基法上一定の制限があります（91条）。

　始末書の提出については、その強制が労働者の人格権を無視し良心の自由を不当に制限する場合は許されない、と判断されています。また、必ずしも懲戒には該当しませんが、より軽易な措置として「厳重注意」などがなされる場合があります。これも一種の制裁的行為とみなされているので、これを受けた者の職場における信用・評価、名誉感情（プライド）を侵害します。したがって、相当な理由なしにそのような措置をとることは違法とされています。

5 仕事上のミスを理由とする損害賠償

　労働過程のミスを理由として、使用者から労働者にたいして損害賠償がなされるケースが増えています。仕事の最中に商品を破損するなどのミスは、過失によって会社の物品を侵害したとして不法行

為（民法709条）になる場合があるからです。もっとも、賠償請求までなされることはそれほど一般的ではありません。始末書の提出や配転などの労務管理上の措置、退職の強要、賃金との相殺などによって一定のケジメをつけることが多いのです。本人にたいする制裁だけではなく、他の従業員にたいする「みせしめ」でもあります。

リーディングケースとして、タンクローリー車の事故を理由として運転手にたいして損害賠償を請求した茨城石炭商事事件の最高裁判決（昭和51.7.8）があります。

裁判所は、「使用者は、その事業の性格、規模、施設の状況、被用者の業務の内容、労働条件、勤務態度、加害行為の態様、加害行為の予防若しくは損失の分散についての使用者の配慮の程度その他諸般の事情に照らし、損害の公平な分担という見地から信義則上相当と認められる限度において、被用者に対し右損害の賠償」ができる、として損害額の4分の1の賠償を命じています、

このように裁判例は、労働者に過失がある場合などには一定の割合で賠償することを認めています。そのさいには、①労働者の過失の程度、②ミスを回避するように教育をしたか、などの使用者側の管理体制が考慮されています。

他方、労働者サイドに過失などがないことから、負担割合の判断に入ることなく損害賠償をまったく認めないものも少なくありません。また、過失の程度が軽いケースについては、会社がその分のリスクを負担すべきであるという裁判例もあります。

私は、労働過程において通常発生することが予想される労働者サイドのミスについては、使用者がリスクを負うべきものと考えています。その理由は、そのようなミスは企業経営の運営自体に付随するものであり、その分のリスクについて使用者は任意保険において十分対応しうるし、そのことが期待されているからです。また、業務命令・内容も使用者が決定するものであり、業務命令を履行する

さいに発生するであろうミスについては、業務命令自体に内在化しているものと考えられるからです。

6　退職の要請

　適性・能力が不十分であり、その改善が図られない場合には、多様な形態による企業外への排除が試みられます。雇用終了の基本的パターンとしては、会社の一方的意思による解雇、労働者サイドの一方的な意思による辞職、さらに労使双方の合意に基づく合意解約の3パターンがあります。そのうちもっとも一般的なのが自主退職のかたちがとられる合意解約です（詳しくは92頁）。

　合意解約といっても、労働者からの申し込みに使用者が合意する型と使用者からの申し出に労働者が合意する型があります。使用者からの申し出は実質的に退職強要的な機能をはたします。使用者の申し込みに合意をしなければ、あらためて解雇がなされるおそれがあるからです。また、意に反する退職強要は不法行為に該当する場合があります。

7　普通解雇

　雇用終了のパターンとして実際に解雇がなされるのは一般的ではありません。5000人のリストラ「解雇」といわれても実際にはその多くは合意解約のかたちをとり、それができない場合にはじめて解雇となります。解雇は、解雇予告手当（労基法20条）の支払いが義務づけられ、また「相当な理由」が必要とされる（労働契約法16条）ので使用者サイドにリスクがあるからです。

　普通解雇の正当事由は、勤務成績不良や従業員としての適格性の欠如、さらに使用者サイドに理由のある整理解雇です。勤務不良と

はいえ、その程度は、契約の継続が期待できないほどのかなりのもでなければなりません。具体的には、勤務不良にたいし適切な教育や指導をしたにもかかわらず改善されなかったケースです。

ここで留意すべきことは、教育や指導は、それ自体が適切な仕事の進め方や職場維持のために必要であるとともに解雇の有効性を判断するさいにも重要な要素になることです。実際の事件をみても、教育や指導が本人のため、業務改善を目的としていたと主張されていても、もっぱら解雇の準備ではないのかと思われるケースもあります。

8 懲戒解雇

解雇の型は、企業秩序違反を理由とする懲戒解雇とそれ以外を理由とする普通解雇に大別されます。前者の例としては、業務上の横領、業務命令違反、会社の名誉・信用阻害行為などが一般的です。基本的には、仕事に関係する職場内の行為が対象ですが、仕事に直接関係のない、職場外の行為についても懲戒処分の対象となります。

懲戒処分ではあくまで企業「秩序違反」が問題となるので、勤務成績不良自体は懲戒事由になりません。なりうるのは、その態様が明確かつ故意に業務命令を履行しない場合です。命令「違反・拒否」とみなされる行為であり、かつその態様がきわめて悪質のケースにかぎられます。

第4章 法律的な考え方

> 本書で学ぶワークルールは、労働法といわれる法律です。法律はなにか小難しいものと思われがちですが、法的な考え方、法律が想定している社会の基礎がわかると理解しやすいものです。そこで、ここでは法的な世界とは何かを考えてみましょう。

1 紛争をどうみるか

　人間関係がうまくいっている場合には、法律はあまり意識されません。トラブルが起き、話し合いでうまく解決できなくなったときに法律の出番となります。法律は、紛争を前提として、それを平和的に解決することを目的とします。同時に、紛争がなぜ発生したかをも検討の対象とするので、紛争が起こらない、もしくは起こりにくい仕組みを考えることもできます。

　紛争をどう考えるかは、国や時代によって大きく異なります。近代の法的なシステムが形成されたのは、近代民主主義を通じてです。そこでの人間観・社会観は、自由・平等な個人が、それぞれ自分の利益を追求して社会を形成する、というものです。民主主義や基本的人権という発想もその考え方に由来しています。

　ところで、個人がそれぞれ自分の利害を追求することになると、他人との関係においてたえず紛争状態が発生します。この紛争を解決するルールが法律にほかならないわけです。それぞれが自分の利益を追求する社会における、利害の調整原理といえます。その点では、立場の相互性、つまり相手が同じ立場だったらと想定しうるので、合理性なルールを作りやすいわけです。スポーツのルールと同じです。同時に、社会には紛争がつきものだ、争いは生理現象にほ

かならないという余裕の考え方です。意見や立場の多様性が前提になっていることを理解してください。

2 法的な考え方がなぜ広まらないか

　わが国では、法的な考え方やそれに基づいて紛争を解決するという方法は必ずしも一般的ではありません。裁判に訴える件数も弁護士の数も多くはありません。実際には、個人がそれぞれの利益を追求する社会になっているのですが、法的な世界が形成されているわけではありません。それはなぜでしょうか。

　ひとつには、個人意識が希薄で、他人の目を気にして行動する傾向があるからです。空気を読むとか同調圧力が強いともいえます。多様性や変わっていることを許さないわけです。これは若年者でも変わりはありません。いじめの基盤となる意識といえます。

　もうひとつは、建前として、「利益追求」は好ましくないという社会的な意識が強いからです。したがって、利益追求を前提として合理的なルールを作るという気迫に欠けます。逆に、紛争の発生を回避し、利害対立を曖昧にするテクニック、たとえば「根回し」が盛んに利用されます。対立状態を前提に論理を戦わすことはどうしても苦手です。そのような教育もされていません。

3 法と道徳との関係

　法的な考え方を身につけるべきであるといっても、法的な視点だけで紛争を解決できるわけではありません。紛争を適切に解決するためには、法律以外の解決方法も重要です。より重要とさえいえます。ただ、法的な解決方法は、話し合いで解決できない場合には、最終手段として不可欠です。また、話し合いのさいの共通したルー

ルともなります。その意味では、合理的なルールに従った話し合いで自主的に解決することがもっとも望ましいといえます。

　もっとも、紛争を実際に解決するさいに、法律と他の社会規範、典型として道徳との関係が問題になることは少なくありません。たとえば、採用面接のときの次のような状況を考えてみましょう。

　面接担当者から「高校時代の非行の有無」を質問されたならばどう答えるでしょうか。大過のない高校生活をおくっていたならば悩みませんが、多少暴れた場合には、どう答えるでしょうか。本当のことを言えばおそらく採用されないでしょう。でもウソをいってまで採用されることもいやです。実際の事件では、ウソを言って入社した後にそれがばれて解雇されたケースで問題になります。解雇が許されるかが争われるわけです。

　ウソを言うかどうかは基本的に道徳的な問題です。道徳に反する行為だから解雇は許されるという見解もあります。しかし、法的なレベルでは、ウソ、つまり虚偽の申告がなされても、それがなされた経緯・背景、虚偽の内容・程度、労働力評価との関係から解雇が許されるか否かが個別に判断されます。採用面接のさいに、生徒がおかれている状況をどう考え、想像するかによって見解が分かれるケースといえます。

　会社の立場からは、このようなウソを言う人間は採用したくないでしょう。他方、労働者の立場からは、やむをえないともいえます。職場における正義とは何かが問われる難問です。ワークルールにはこのような難問を解決する鍵が隠されています。

第Ⅱ部 ワークルールの実際

第5章 入社までの過程

会社に入るということは、労働契約を締結することを意味します。契約の締結とは、労働者が働くことを約束し、使用者がそれにたいして賃金を支払うことを合意することです。この合意によって契約が成立した後は、使用者は勝手にそれを解消することはできません。では、この合意はいつ、どのようなかたちで成立するのでしょうか。

就職までの過程はおおむね次のような過程をたどります。【図12】

```
会社による  面接等  内定通知        入社日        本採用
募集
 ▼      ▼    ▼          ▼          ▼
 [   応募   ][  内定期間  ][  試用期間  ]→
```

図12　募集から採用までの流れ

なお、高校生の場合は　応募の前に学内選考があるケースもあります。

では、入社の過程におけるワークルールはどうなっているのでしょうか。次のような多くの法的な問題が発生しています。

① **会社には採用の自由があるか、特定の理由によって採用しないことができるか**
② **労働契約はいつ成立するのか**
③ **採用内定期間において会社はどのような場合に内定の取り消しができるか、また、内定期間中に労働者は研修を受ける義務があるか**
④ **試用期間の終了時に本採用を拒否できる場合はあるか**

「就活」に熱心になることは必要なことですが、就活をめぐるワークルールを正確に理解しておくことも重要です。

1　会社には採用の自由があるか

　会社はその方針に基づいて採用基準を定め、募集し、選考することができます。「採用の自由」は認められています。特定の学歴の者だけを募集したり、特定の学校の卒業者だけを対象にする指定校制度も認められています。

　ワークルールとの関係では、特定の事由によって、募集や採用について差別することは認められていません。具体的には、女性であることや男性であること、つまり性を理由とした募集・採用（均等法5条）、年齢を理由とする差別（雇用対策法10条）が禁止されています。このような規定があるということは、実際にそのような差別が過去、そして今でもあることを示しています。立派な法律の規定があるということは、社会的にそれに見合った実態があることを必ずしも意味しません。

　法的には差別は禁止されていますが、実際に自分の不採用が差別の結果であることを証明するのは容易ではありません。会社がほかの理由、たとえば、成績不良や面接での悪い印象をあげることが多いからです。

　重要な問題として、面接のときに使用者はどのような質問でもできるのかが争われています。たとえば思想、信条や労働者のプライヴァシーにかんすることなどです。いったん質問されると答えないことは難しいので、不適切な質問をしないように法的にチェックすべきですが、それは困難です。あいまいに答えることが無難です。

2　労働契約はいつ成立するのか

　契約の成立時期は、会社と労働者の間で合意があったときです。

合意は必ずしも書面である必要はありません。口頭でも認められます。もっとも、言った、言わないという争いが生じた場合には困りますので、通常は書面（たとえば、内定通知書）でなされます。具体的には、申し込み（応募）と承諾（内定通知）によります。内定通知をもらった段階で契約が成立しているわけです。労働契約が成立すると、内定の取り消しには「相当な理由」が必要とされます。

ただ注意すべきは、内定通知のさいに、入社確約書の提出が会社から求められる場合があります。そのときには、その提出があった時点で契約が成立します。

3 採用内定期間における内定の取り消し事由

契約が成立しても、実際に働くのは入社以降です。その間に相当な理由があれば内定の取り消しができます。たとえば、卒業不能、履歴書等の虚偽記載、従業員であったら不適格とみられるような問題のある非違行為、健康問題の発生、です。会社経営が悪化したための人員整理の例もあります。

内定の取り消しについては、大日本印刷事件（ケース1）が有名です。入社過程の法的性質が示されているので知っておきましょう。

ケース1
大日本印刷事件・昭和54年7月20日最高裁判決

事件の内容

大学卒業予定者の内定取り消しが許されるかが争われました。会社は、取消理由として、面接のときに本人の性格がグルーミー（暗い）と感じており、卒業までに改善すると思っていたが、改善されなかったからと説明しました。労働者は、内定の取り消しは許されないので、従業員の身分が認められ同時に賃金も請求することができる、

と主張しました。

裁判所の考え
① 契約の成立

「上告人（会社）からの募集（申込みの誘引）に対し、被上告人（労働者）が応募したのは、労働契約の申込みであり、これに対する上告人からの採用内定通知は、右申込みに対する承諾であって、被上告人の本件誓約書の提出とあいまって、これにより、被上告人と上告人との間に、被上告人の就労の始期を昭和44年大学卒業直後とし、それまでの間、本件誓約書記載の5項目の採用内定取消事由に基づく解約権を留保した労働契約が成立した」。

② 内定の取り消し事由

「採用内定の取消事由は、採用内定当時知ることができず、また知ることが期待できないような事実であって、これを理由として採用内定を取消すことが解約権留保（相当な理由があれば取り消すことができる）の趣旨、目的に照らして客観的に合理的と認められ社会通念上相当として是認することができるものに限られると解するのが相当である。これを本件についてみると、原審（大阪高裁）の適法に確定した事実関係によれば、本件採用内定取消事由の中心をなすものは『被上告人はグルーミーな印象なので当初から不適格と思われたが、それを打ち消す材料が出るかも知れないので採用内定としておいたところ、そのような材料が出なかった。』というのであるが、グルーミーな印象であることは当初からわかっていたことであるから、上告人としてはその段階で調査を尽くせば、従業員としての適格性の有無を判断することができたのに、不適格と思いながら採用を内定し、その後右不適格性を打ち消す材料が出なかったので内定を取り消すということは、解約権留保の趣旨、目的に照らして社会通念上相当として是認することができず、解約権の濫用」と解される。

> **解説**
> 　本判決によって、内定通知の段階で労働契約が成立することが確立しました。また、内定の取り消しが認められなければ、入社予定日以降は従業員たる地位や賃金も認められます。問題は、内定取り消しの理由が相当か否かです。本件は、「グルーミーな印象」というほとんど理由らしい理由ではないので取消が認められないのは当然です。

4　内定期間中の労働者の義務

　内定期間中によく問題となるのは、研修への参加や実際の仕事をすることが義務づけられるか、という問題です。契約が成立していても、内定者には就労する義務はないので、要請があっても拒否できます。そして、拒否したことを理由とする内定の取り消しは許されません。もっとも、実際に拒否することは難しいでしょうが、拒否する場合は、その理由を説明しておいたほうがよいでしょう。

　また、研修に参加した場合に、その間の賃金を求めることができるか、災害にあった場合の補償はどうなるか、などについても問題が起こります。一般的には、労働契約関係ではないので、認められないでしょう。

5　試用期間の終了時の本採用拒否

　入社（通常は４月１日）してから働き始めます。でもちゃんと仕事ができるかどうかわからないので、多くの会社では３か月間もしくは６か月間の試用期間があります。適格検査の期間といわれます。大きな問題がなければ本採用となります。

　この試用期間に、従業員としての能力や適格に大きな問題があれ

ば、本採用はされません。本採用拒否といっても実質は解雇なので、「正当な理由」が必要とされます。正当な理由とは、矯正のしようがないほどの能力不足や勤務態度がその例です。

6 入社過程で入手・保管すべき書類

入社過程は、労働契約の締結過程にほかならないので、その段階での合意が契約内容となります。したがって、以下の文書を入手するとともに大切に保管しておいてください。会社に提出する書類もコピーをとって保管しておいてください。

① **募集関係の書類**——たとえば、会社の募集パンフレット、求人票、求人情報誌の関係箇所
② **労働契約書**——たとえば、内定通知書、入社確約書、労働契約書
③ **就業規則**

考えてみよう　採用面接のときのウソ

AさんはB君とつきあっていて将来は結婚をしたいと思っていました。Aさんは就職面接で担当者から、「今つきあっている人がいるか、結婚も考えているか」と質問をされ、Aさんは、採用で不利になると思い、とっさに「そんな人いませんと」と答えてしまいました。無事採用内定を受けましたが、B君とつきあっていることが判明し、面接のときにウソをついたという理由で内定の取り消しを受けました。この取消は認められるでしょうか。Aさんは、B君にたいしても悪いことをしたと反省しています。

◇ヒントは51頁に

第6章 労働契約

働くといっても労働者が勝手に仕事をするわけではありません。使用者の指揮命令のもとで働くことが求められます。では、使用者はどんな指揮命令でもできるのでしょうか。本章では、配転命令を中心に指揮命令のあり方を考えます。その前提として、労働者と使用者との間の権利と義務を定めている労働契約についても検討します。働くことは、合意に基づいており、指揮命令も合意の範囲内に限られるということをよく知っておいてください。そこに人間の尊厳があります。

1 労働契約でなにが決まっているか

　労働契約では基本的に、①働くさいの労働条件、②働きかたのルール、③雇用終了の仕方が定まっています。その内容は個別の合意（たとえば、面接のときに賃金額を決める）による場合もありますが、実際には就業規則の規定によって決まっている場合が一般的です。就職したら必ず会社の就業規則をよくみておきましょう。

① **働くさいの労働条件**
  ・賃金──基本給、諸手当、ボーナス、退職金等の額・計算方法
  ・労働時間──通常の労働時間（所定労働時間という）、残業時間、年休、休日、休憩
  ・福利厚生

② **働きかたのルール**
  ・指揮命令──配転・出向、残業のルール
  ・安全・衛生
  ・懲戒のルール──懲戒事由、手続き

③ **雇用終了のルール**

- 解雇事由、手続き
- 期間雇用

2 労働契約上の権利・義務

　労働契約上、労働者と使用者とは相互に権利・義務をもちます。労働者の権利は使用者にとっては義務、逆に使用者の権利は労働者の義務にあたります。

　まず、労働者の義務としては、①使用者の指揮命令にしたがって働くことと、②会社のメンバーとして会社の利益を不当に害さないことがあげられます。

労働者の義務と権利

　①が中心となります。労働者は、使用者（実際には上司）の指揮命令に従う義務があります。といっても、労働者も独立した人格なので、法律に違反した命令（たとえば、根拠のない残業命令）や濫用的な命令（上司の引っ越しの手伝い）に従う必要はありません。

　ところで、働くことは労働者の義務ですが、最近それに権利という側面があることも指摘されています。これはいわゆる「職場いじめ」のケースで問題になりました。いじめの仕方として、仕事をさせない、または意味のない仕事をさせるというパターンがあります。「仕事をさせなくても賃金を払っているのだから文句はないだろう」というのが会社の立場でした。ところが裁判所は、「いやがらせのために仕事をさせないことは、人格権を侵害する」として慰謝料の支払いを命じています。仕事することは、自分のキャリアを向上させ、社会参加をも意味しますので、やはり権利的な側面があるからです。

　②はわかりにくいと思います。これは会社の信用や名誉を侵害し

ないという義務です。具体的には、犯罪を犯してマスコミで報道されるとなると、特定の会社の社員であることも報道されることが多いので、会社の信用等が害され、懲戒処分の対象になることがあるからです。

　労働者の権利は、③賃金請求と、④安全に働くこと、です。

　③は、労働者は賃金によって生活するのでもっとも重要な権利といえます。具体的には、どのような場合に賃金請求ができるか、賃金の支払い方などが問題になります（詳しくは9章で検討します）。

　④は、①の指揮命令に従う義務に対応する権利です。つまり、労働者はいやでも指揮命令に従わざるをえないので、安全に働くことやそのための研修を要求できます。これを、使用者に「安全配慮義務」がある、ともいいます。

労働契約と似た契約

　同じく働くといっても、労働契約ならば労基法などのワークルールの適用があります。ところが、会社からいろいろ指揮命令を受けない働き方があります。たとえば、個人タクシー運転手や独立した販売員です。実際の働き方にはそれほど違いはありませんが、仕事の仕方が独立しているので「労働者」とはみなされず、ワークルールの適用を受けません。このような働き方もあるので、就職するときには注意しましょう。

3　指揮命令のあり方

　指揮命令は主に仕事の仕方にかんするものです。①どこで、②どのような仕方で、③何時間働くのか、が中心となります。また、仕事をするさいの服装や髪型などについて個別的な命令をする場合（たとえば、制服を着用とかピアス禁止）もあります。さらに、仕事と直接

関連しない研修への参加や懲戒処分の調査にかかわる命令もあります。

命令に従わなかったら

では、指揮命令のあり方はどのようなかたちで問題になるのでしょうか。もっとも一般的な争いは、命令に従わないことを理由とする懲戒処分のケースです。懲戒処分の効力を判断する前提として命令の当否が争われます。それ以外に、賃金請求ができるか否かもよく争われます。

たとえば、上司が近くのコンビニで弁当を買ってくることを部下に命じた事例を考えてみましょう。

これが指揮命令にあたるとなると、命令違反にたいする処分の余地がでてきます。そして、その分の賃金請求も可能になります。他方、指揮命令にあたらない上司の「お願い」だということになると処分もできませんし、賃金請求もできません。

このように法的な世界では、特定の行為の当否は、効果（処分や賃金請求）との関連で問題になります。弁当を買いに行かせるという指揮命令の適否は、それとの関係でどのような紛争が発生しているかにより判断が異なってくることがあります。

配転命令を考える

説明が抽象的になったので、より具体的な事例で考えてみましょう。指揮命令の典型は配転命令です。この点については東亜ペイント事件（ケース2）にたいする最高裁判決があり、それがリーディングケース（その後の裁判例の指針となる最高裁判決）となっています。配転命令には、勤務地が変わる転勤命令と職種を変更する配置換えがあります。【図13】本件は転勤命令の事案です。

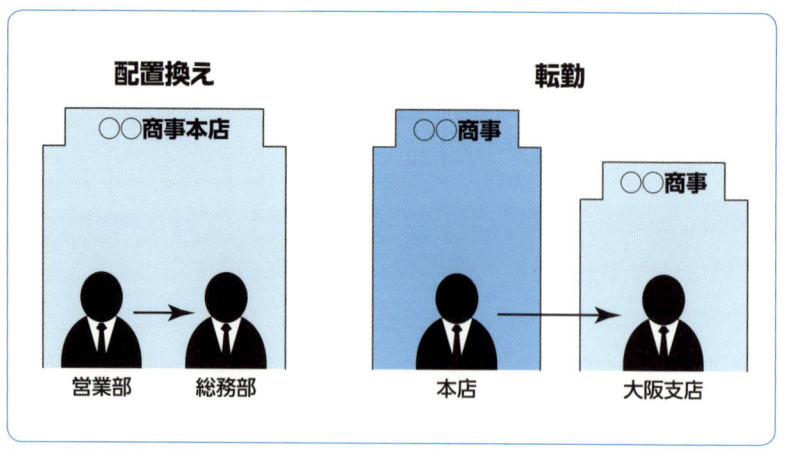

図13　配置換えと転勤

ケース2
東亜ペイント事件・昭和61年7月14日最高裁判決

事件の内容
　会社が関西地区で営業活動をしていた労働者に広島への転勤命令を出したところ、労働者が拒否したので名古屋への転勤命令を出しました。それも拒否したので懲戒解雇をしたことにたいして、懲戒解雇は無効であり賃金を支払えとして訴訟を提起しました。転勤を拒否した理由は、奥さんが働いていることと、同居している母親が大阪を離れたことがないという事情でした。

裁判所の考え
① 配転命令権のあり方

　「会社の労働協約及び就業規則には、上告会社は業務上の都合により従業員に転勤を命ずることができる旨の定めがあり、現に上告会社では、全国に十数か所の営業所等を置き、その間において従業員、特に営業担当者の転勤を頻繁に行っており、被上告人は大学卒業資格の営業担当者として上告会社に入社したもので、両者の間で

労働契約が成立した際にも勤務地を大阪に限定する旨の合意はなされなかったという前記事情の下においては、上告会社は個別的同意なしに被上告人の勤務場所を決定し、これに転勤を命じて労務の提供を求める権限を有するものというべきである。」
② 濫用になる場合

「使用者は業務上の必要に応じ、その裁量により労働者の勤務場所を決定することができるものというべきであるが、転勤、特に転居を伴う転勤は、一般に、労働者の生活関係に少なからぬ影響を与えずにはおかないから、使用者の転勤命令権は無制約に行使することができるものではなく、これを濫用することの許されないことはいうまでもないところ、当該転勤命令につき業務上の必要性が存しない場合又は業務上の必要性が存する場合であっても、当該転勤命令が他の不当な動機・目的をもってなされたものであるとき若しくは労働者に対し通常甘受すべき程度を著しく超える不利益を負わせるものであるとき等、特段の事情の存する場合でない限りは、当該転勤命令は権利の濫用になるものではないというべきである。」本件は、濫用にはあたらない。

解説

裁判所は、転勤命令が契約の範囲内か、また、範囲内であっても濫用にあたらないかを問題にしています。

本件においては契約上の勤務場所については限定がないので、転勤命令は契約の範囲内とされました。配置換えの事件では、特別な資格を前提とした仕事のケースでは、契約上職務内容が限定しているとされる例があります。たとえば、看護師として採用された者を事務に回すことは原則として許されません。

濫用との関連では、①業務上の必要性が存しない場合、②その転勤命令が他の不当な動機・目的をもってなされた場合、③労働者にたいし通常受け入れるべき程度をいちじるしく超える不利益を負わ

せる場合、に濫用にあたるとして、本件については③にあたらないとしました。③が認められるケースはあまりありません。認められるのは、子どもが難病であるとか親の介護で転居が困難であるとかのケースです。

考えてみよう　行きたがらない勤務地

　10名の職場で仲良く仕事をしてきました。会社には離島に営業所があって必ず1名がそこで働かなければなりません。全員がそこに行くことをいやがったので、やむなく順番に1年交替のルールで転勤してきました。ところが、Aさんは、小さな子どもがいるのでどうしても無理と言っています。他の人は、転勤はいやだと言っています。どうしたらいいでしょう。

◇ヒントは56頁に

第7章 自分らしさを守る

職場では会社の指揮のもとで働きます。その点では個人の自由の制約を受けますが、仕事中の髪型や服装についてまで会社が文句を言うことはできるでしょうか。また、勝手にロッカーを調べたり、病気でもないのに健康診断を受診するように命令することもできるでしょうか。

職場においても労働者の私的領域や自己決定の権利ともいうべきものが認められるかが、ここでの問題です。しっかり働くけど、自分らしさも守りたいという場合のワークルールを考えます。

1 基盤となる権利

働くさいに、適正な労働条件を確保し、雇用を保障することはもっとも重要なことです。同時に、労働者の人格を損なう事態、たとえば職場いじめがその典型ですが、それを避けることも必要です。そこで、最近、「労働者人格権」という権利が強調されています。労働者というより、生身の人間としての権利といえます。

この労働者人格権は、おおむね次のような内容です。著名な裁判例としては、特定の信条をもつものに対する監視や排除を問題にした関西電力事件（ケース3）にたいする最高裁判決があります。

労働する権利

第1は、働きがいのある仕事をする権利です。仕事をすることは労働者の義務であり、労働者の権利は賃金をもらうこと、ととらえられていました。しかし、いやがらせとして仕事をさせない、も

しくは意味のない仕事を命じることは、たとえ賃金が支払われたとしても、人格を損なう行為ととらえられます。損害賠償の請求が可能です。このように、働くことは権利であるという発想はこれからの働き方を考えるさいのポイントだと思います。また、積極的に自分のキャリアを形成することを要求できる「キャリア権」という考え方も一般化しています。それだけの気概がなければ働き続けることは困難といえます。

自己決定権

　第2は、自己決定権であり、憲法13条「すべて国民は、個人として尊重される。生命、自由及び幸福追求に対する国民の権利については、公共の福祉に反しない限り、立法その他の国政の上で、最大の尊重を必要とする。」に由来する権利です。自己決定は、ことさら「権利」という必要のないことではないかと思われるかもしれません。しかし、職場においてもそのような権利が認められるようになったのは最近のことなのです。それだけ、自分らしさにこだわる人が多くなったからでしょう。

　具体的には、服装、髪型、ひげ、化粧の仕方について、どの程度会社の規制を受けるかが問題になります。規制する規定内容、職務、職場慣行などによって判断されます。

　また、職場の内外において、だれとどのようにつきあうかという人間関係形成の自由も含まれると思います。新年会や歓迎会から特定の人を故意に排除することや孤立化を図ることが禁止されています。アメリカでは競争会社の人とつきあうことを禁止できるかということさえ問題になっています。企業秘密が漏れるのを防ぐための措置との関係です。さらに、セクハラ（セクシュアル・ハラスメント）の事案では、セクハラが性的自己決定権や性的人格権を侵害する行為と評価されています。

名誉権

　第3は、名誉権です。上司が人格を損なう発言、たとえば「仕事ができないやつは人間のくずだ」といった発言をすることは労働者の名誉を侵害します。パワハラの典型です。仕事を教えるためであっても、その点の配慮は必要とされます。仕事の仕方を適切に言葉で表現できない人は上司としての適性に欠くといえるでしょう。職人的な世界は別ですが。

プライヴァシー権

　第4は、プライヴァシー権です。職場におけるプライヴァシー権の保障は世界的な傾向です。もっとも、私生活におけるプライヴァシーとは違って、仕事をするために学歴や職歴などを使用者に開示する必要がある場合があります。また、社会保険や諸手当の受給のためには家族状況などを明らかにすることも必要です。

　実際に多く問題が生じているのは、身体情報の開示、つまり健康診断を受診する義務があるか、また、仕事の最中の私用メールを会社がチェックすることができるか、などです。監視カメラの使い方（特定の人を監視する）や携帯電話の職場持ち込みを禁止できるかも争われています。

ケース3
関西電力事件・平成7年9月5日最高裁判決
事件の内容
　会社が共産党支持者にたいし、行動を監視しやすいように外勤から内勤にし、帰宅時の尾行、ロッカーの無断探索、同僚との遮断をおこないました。そこで監視された労働者から会社にたいし損害賠償が請求され、認められました。

裁判所の考え

　会社が「共産党員又はその同調者であることのみを理由とし、その職制等を通じて、職場の内外で被上告人ら（共産党員または同調者のこと）を継続的に監視する態勢を採った上、被上告人らが極左分子であるとか、上告人（会社のこと）の経営方針に非協力的な者であるなどとその思想を非難して、被上告人らとの接触、交際をしないよう他の従業員に働き掛け、種々の方法を用いて被上告人らを職場で孤立させるなどしたというのであり、更にその過程の中で、被上告人Ａ及び同Ｂについては、退社後同人らを尾行したりし、特に被上告人Ｂについては、ロッカーを無断で開けて私物である『民青手帳』を写真に撮影したりしたというのである。そうであれば、これらの行為は、被上告人らの職場における自由な人間関係を形成する自由を不当に侵害するとともに、その名誉を毀損するものであり、また、被上告人Ｂらに対する行為はそのプライバシーを侵害するものでもあって、同人らの人格的利益を侵害するものというべ」きである。

解説

　本件は、特定の政党支持者にたいする排除や差別という古典的なケースです。しかし、裁判所の考え方は、思想信条の自由という観点からではなく、「職場における自由な人間関係を形成する自由を不当に侵害するとともに、その名誉を毀損するものであり、また、被上告人Ｂらに対する行為はそのプライバシーを侵害するものでもあって、同人らの人格的利益を侵害するもの」と判断しました。労働者人格権に関するもっとも重要な裁判例です。ここでは、「自由な人間関係を形成する自由」「名誉」「プライヴァシー」が強調されています。

2　セクハラ

　セクハラ（セクシュアル・ハラスメント）とは、上司の地位を利用した性的ないやがらせです。男の上司が女性の部下にたいするケースが一般的です。女性を仕事における対等なパートナーとみなさない差別意識が背景にあります。女性の上司によるケースもあります。

　セクハラのパターンは、対価型（自分のいうことをきかないので処分や解雇をする）と環境型（職場で卑猥な話をする）に大別されます。実際には以下のような多様なケースがあります。

① **強制わいせつ**──無理やり体をさわるケースです。犯罪になることもあります。
② **不利益取扱い**──性的な要求に従わないことを理由に仕事をさせなかったり、意味のない仕事をさせることです。自主退職を強要したり、解雇をすることさえあります。
③ **性的な発言**──性的な発言をして職場環境を害したり、性的なうわさをながして職場にいにくくさせることです。

　セクハラがなされた場合に、被害者は加害した上司に損害賠償を請求できます。同時に、それが仕事の一環として、または上司である地位を利用してなされた場合には会社の責任も追及できます。会社も、加害者を処分するケースも増えています。

3　パワハラ

　パワハラ（パワー・ハラスメント）とは、労働者の人格や尊厳を損なう上司の嫌がらせ的な行為です。指揮命令の関係においても、人間的な節度が要求されます。次のような行為が問題となります。

① **仕事を与えないこと、意味のない仕事をさせること。**

② 人間関係から排除すること。たとえば、歓迎会や新年会から排除すること。
③ 人格を損なう発言をすること。

　パワハラが許されないのは当然ですが、職場はあくまで仕事の場ですから一定の規律や指導、さらに強制が不可欠です。そこで、指導のさいに多少厳しい発言をすることはやむをえません。というより仕事を教えるためには必要なことです。それでも人格を損なう発言（「営業成績を上げられないやつは死んでしまえ」など）はやりすぎです。上司には、言葉でどううまく伝えるかというコミュニケーション能力が必要です。部下は、それを的確に理解する、これもコミュニケーション能力が不可欠です。

　私の経験からは、むしろなにもいわれなくなる無関心のほうが問題です。厳しくてもちゃんと指導されなければキャリアの形成はできません。

考えてみよう　就業中のピアス禁止命令

　会社の就業規則には、就業中に適正な服装をすることを規定しています。ところが、A君がピアスをしていたのでB課長がそのような就労態度はけしからんとして、それを外すように命じました。A君は、ピアスは気に入っており、仕事に差し支えがないとしてその命令に従いませんでした。そこで、会社はしめしがつかないとしてA君にたいし軽い処分（始末書の提出）をしました。

　A君にたいする処分は許されるでしょうか。A君の仕事が工場の場合と営業の場合とで違いがあるでしょうか。また、A君がその後もピアスをとらなければ会社はどのようなことができるでしょうか。

◇ヒントは64頁に

第8章 労働時間

> 働くさいの主要な労働条件は、労働時間と賃金です。この労働時間については、最長1日8時間・週40時間制の原則があり、それを労基法が定めています。しかし、多くの例外もあり、複雑な内容になっています。本章では、小難しい労基法の規定の解説はしないで、労働時間のワークルールの基礎を学びましょう。こまったときは各地の労働基準監督署に相談してください。

　自分の健康を守るためにも、また私生活を楽しむためにも、労働時間の規制はとても重要です。長時間労働による過労死はなにも中高年に限っていません。20代のケースもあります。

　なお、労基法は正規労働者だけに適用があると考えている人もいますが、非正規も含めてすべての労働者に適用されます。学生アルバイトであっても、働いているかぎりは「労働者」にほかなりません。

1 労働時間の規制

　8時間労働制といっても、労働時間とはなにかは必ずしもはっきりしません。まず、基本的用語を知っておきましょう。

拘束時間（9時間） ＝ 実働時間（8時間） ＋ 休憩時間（1時間）

という働き方が一般的といえます。8時間労働制（労基法32条1項「使用者は、労働者に、休憩時間を除き1週間について40時間を超えて、労働させてはならない。」2項「使用者は、1週間の各日については、労働者に、休憩時間を除き1日について8時間を超えて、労働させてはならない」）というのは、この「実

働時間」が8時間であることをいいます。この場合は1時間の休憩が必要とされ（労基法34条1項「使用者は、労働時間が6時間を超える場合においては少なくとも45分、8時間を超える場合においては少なくとも1時間の休憩時間を労働時間の途中に与えなければならない」）、「拘束時間」は9時間になります。レストランなどでは休憩時間が長い場合（たとえば、午後2時から5時まで）があり、こうなると拘束時間も長くなりますが、この拘束時間については特別の規制はありません。【図14】

「所定内労働時間」と「所定外労働時間」についても知っておきましょう。「所定内」とは労働契約（実際は就業規則によって定められている場合が多い）によって定められている基本となる労働時間です。1日8時間とか、7時間半という例が一般的です。最長8時間という規定があるので、それ以上長いことはありません。「所定外」は、それを超える「時間外」の労働時間です。たとえば、10時間働いた場合は、所定内が8時間ならば所定外が2時間（所定内が7時間半ならば所定外が2時間半）になります。【図15】

労基法は1日の最長労働時間を8時間と定めているので、それ以上長く働かせる場合には特別の協定などが必要とされます。また、延長された時間に対応した2割5分増しの割増賃金の支払いも必要です（37条）。たとえば、時給1000円の場合に2時間の時間外労働をしたら2500円になります。【図16】

労基法には、働く時間を規制するだけではなく、休む時間を確保するための規定もあります。全体として労働時間を制限しているのです。具体的には、毎週1日の「休日」を認める週休制（35条）、仕事の最中での「休憩」を定める規定（34条）、さらに、より長期の休日（勤続年数に応じて10日から20日）を確保する「年次有給休暇制度」（39条）です。【図17】

図14　拘束時間と労働時間

（9:00〜12:00 3時間 実働時間／12:00〜13:00 1時間 休憩時間／13:00〜18:00 5時間 実働時間）

図15　所定内労働時間と所定外（時間外）労働時間

（9:00〜12:00 3時間 所定内労働時間／12:00〜13:00 1時間 休憩時間／13:00〜18:00 5時間 所定内労働時間／18:00〜20:00 2時間 時間外労働時間）

就業時間が午前9時から午後5時（休憩1時間）まで、時給1000円の場合の割増賃金

17:00〜18:00 → 1時間当たりの賃金×1.00×1時間＝1000円　法定時間「内」残業

（9:00〜12:00 3時間 所定内労働時間／12:00〜13:00 1時間 休憩時間／13:00〜17:00 4時間 所定内労働時間／17:00〜18:00 1時間 法定時間内残業／18:00〜20:00 2時間 法定時間外残業）

18:00〜20:00 → 1時間当たりの賃金×1.25×2時間＝2500円　法定時間「外」残業

図表16　時間外労働時間と割増賃金

継続勤務年数	6ヶ月	1年6ヶ月	2年6ヶ月	3年6ヶ月	4年6ヶ月	5年6ヶ月	6年6ヶ月以上
有給休暇日数	10日	11日	12日	14日	16日	18日	20日

図表17　年次有給休暇

2 労働時間とは

　労働時間とは「実働時間」を意味します。もっとも、実働といっても実際に働いていることは必要ではありません。働く態勢にあることで十分です。たとえば、タクシー運転手の仕事ならば、お客を乗せて運転している時間だけではなく、タクシーを停車してお客を待っている時間も含まれます。

　労働時間か否かについては多くの裁判例があり、最高裁は次のような考え方を明らかにしています。労働時間ということになれば割増賃金の請求が可能になるので正確に知っておきましょう。

① **労働時間は使用者の指揮命令下にあるかによって決まる**──具体的な業務命令があった場合は当然として、明確な業務命令がなくても実際に仕事をしている時間や業務に要するであろう時間も含みます。

② **労働時間か否かは客観的に決まる**──会社が労働時間と認めなくても使用者の指揮命令下にあれば労働時間です。

③ **労働時間と休憩時間は明確に区別される**──たとえば、休憩時間とされても一定の制約（問題が発生したら対応が義務づけられている場合など）があれば労働者の自由が認められないとして休憩時間とはみなされず、労働時間とされます。ガードマンの仮眠時間がその典型です。この点については大星ビル管理事件（ケース4）の最高裁判決が有名です。

ケース4
大星ビル管理事件・平成14年2月28日最高裁判決

事件の内容

　ビル管理をするガードマンが24時間勤務に従事し、その間7~9時間の仮眠時間が認められていました。そこで、ガードマンが仮眠

時間も労働時間にあたるとしてその分の割り増し賃金を請求しました。

裁判所の考え

労基法の労働時間とは、「労働者が使用者の指揮命令下に置かれている時間をいい、実作業に従事していない仮眠時間（以下「不活動仮眠時間」という。）が労基法上の労働時間に該当するか否かは、労働者が不活動仮眠時間において使用者の指揮命令下に置かれていたものと評価することができるか否かにより客観的に定まるものというべきである。そして、不活動仮眠時間において、労働者が実作業に従事していないというだけでは、使用者の指揮命令下から離脱しているということはできず、当該時間に労働者が労働から離れることを保障されていて初めて、労働者が使用者の指揮命令下に置かれていないものと評価することができる。したがって、不活動仮眠時間であっても労働からの解放が保障されていない場合には労基法上の労働時間に当たるというべきである。そして、当該時間において労働契約上の役務の提供が義務付けられていると評価される場合には、労働からの解放が保障されているとはいえず、労働者は使用者の指揮命令下に置かれているというのが相当である。」

解説

ガードマンの仮眠時間は、一定の指揮命令をうけ労働からの解放がなされていないとして「労働時間」にあたるとされました。最高裁は、このような立場から、作業の準備時間やマンション管理人の居室における住民対応の時間を含め一連の仕事の時間を労働時間と認めました。労働時間は広く認められているわけです。

3　時間外労働を命じられたら

8時間労働制については、多くの適用の除外や修正があります。

そのうちもっとも一般的なのが労基法36条の協定（サブロク協定といいます）に基づくものです。会社が職場の労働者の過半数代表と残業にかんする協定を締結すれば、その協定で定められた範囲で（たとえば、1日の残業時間を2時間とするという協定ならばその範囲で）残業（時間外労働）を命じることができます。もっとも、残業を命じることができるという就業規則などの規定が必要です。

ところで、友達との約束やライブにいきたいために残業をしたくない場合にはどうなるでしょうか。突然の残業命令の場合によく問題になります。残業は通常の仕事とは違い、私生活の自由を侵害する側面が強いので労働者としても悩むところです。この点にかんするワークルールは、残業ができない「相当な理由」があれば拒否することができるとしています。ただ、なにが相当な理由かは必ずしもはっきりせず、曖昧なままです。的確なアドバイスをしにくいケースです。

4　労働ができない場合の賃金は

仕事をしたらそれに見合った賃金を請求できます。では、なにかの理由で労働ができなかった場合にはどうなるのでしょうか。法律はいろいろな場合を想定したルールを定めています。

① **その原因が労働者にある場合**――さぼった場合は当然として、病気で出勤できなかったケースも賃金の請求はできません、

② **その原因が会社にある場合**――典型は、会社が労働者を解雇し、その解雇が無効になったケースです。解雇期間中は働いていませんが、働けなかったのは会社のせいなので賃金の請求ができます。また、「客があまりこないから帰ってもいいよ」といわれて帰っても、賃金は請求できます。店の運営は会社の責任だからです。

③ **双方に原因がない場合**──たとえば、大雪で交通が途絶して会社にいけないケースです。この場合は原則として賃金をもらえません。もっとも、払うという合意や就業規則の規定があれば賃金を請求できます。

ところで、以上は原則的ワークルールですが、よりつっこんだ問題もあります。たとえば、職場いじめによって出勤不能になった場合は、一応①のケースにあたります。しかし、その原因が職場いじめにあるならば、会社のせいとみられます。こうなると②のケースです。

考えてみよう　残業の禁止

1週間で企画書を作成することを命じられました。日常の仕事以外に毎日3時間ぐらいの残業が必要です。ところが、会社は残業をしないで6時で帰りなさいといいます。でも企画書の作成のために毎日3時間の残業がどうしても必要で、実際に毎日3時間残業しました。その分の割り増し賃金を請求したところ、会社は残業を禁止していたとか、仕事の能力が低いと主張してその分の支払いをしてくれません。会社の主張は虫がいいと思いますが。

◇ヒントは72頁に

第9章 賃金の確保

働く目的の中心にあるのは賃金を得ることです。労働者はそれで自分や家族の生活を支えなければならないからです。そこで、適正な賃金を確実に確保するために一定のワークルールが定められています。具体的には、賃金の支払いを確実にするための「支払い方ルール」と一定の賃金額を確保するための「賃金額ルール」です。また、時給や日給、月給などの基本給以外のボーナス（一時金）や退職金についても多くの紛争があるので、それらについても学んでいきましょう。賃金は、労働時間との関連が強いので第8章も参考にしてください。

　賃金とは、労働の対価として支払われる金銭のことをいいます。いわゆる基本給以外の諸手当（家族手当、住宅手当、役職手当など）や一時金（ボーナス）や退職金も含みます。賃金にあたらないのは、労働との対価性のない交通費や結婚祝い金などです。賃金ということになれば、以下のワークルールが基本的に適用されます。

　また、賃金の支払い単位として、時給、日給、週給、月給の方法があります。正社員は月給が多く、非正規とくにパートやアルバイトは、時給が一般的です。この時間単位で細切れで対価を払うような、時給的な働き方、働かせ方が、働きがいのある労働になるかは疑問です。また、キャリア形成上も問題です。

1 支払い方のルール

　賃金を確実に請求しうるために次の4つのルールが労基法（24条）によって、定められています。このようなルールがあるのは、それ

に反した実態が過去にあったし、今でもあることの証拠といえます。

① **労働者に直接払う**──未成年者であっても、親に払うことは禁止されています（59条）。

② **通貨、つまりお金で払う**──会社の商品や小切手で払うことは許されません。

③ **全額払い**──会社があらかじめ特定の金額を控除して払うことは許されません。もっとも、税金や社会保険料は控除でき（源泉徴収といいます）、また労使間の協定によって共済費や労働組合費も控除できます。

ところで、会社が倒産して賃金が未払いになった場合には、賃金支払い確保法によって一定の範囲の賃金を国が立て替え払いをしてくれます。この基準などについては労働基準監督署に聞いてください。地味な法律ですが、知っておきたいワークルールです。

④ **毎月１回以上一定日払い**──日給、週給、月給は許されますが、１か月を超えたかたちで支払うこと（たとえば、年２回）は許されません。したがって、年俸制であっても、賃金の支払い方は月単位によることになります。【図表18】

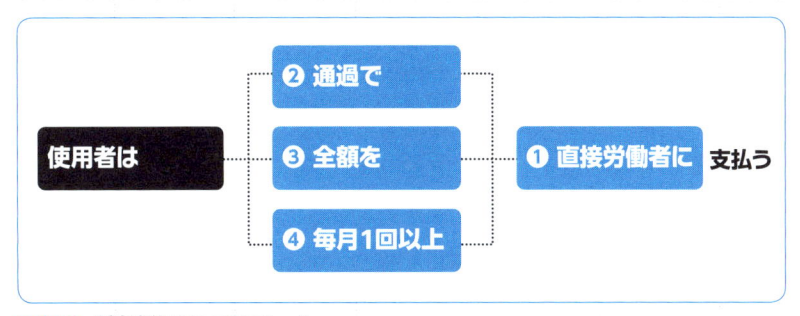

図表18　賃金支払いの４つのルール

2 賃金額のルール

賃金は生活の基盤となるので、適正な金額の保障が必要です。そこで、最低賃金法により、都道府県ごとに最低賃金を定めています。その額の決定基準としては、生計費、賃上げ率、会社の支払い能力、生活保護基準が考慮されます（最低賃金法9条）。ほぼ10月に最低賃金額（以下、最賃額）が改定されるので注意してください。ちなみに北海道の最賃額は2012年9月段階で時給705円です。【図表19】

この最賃額の規定は強行法規なので、たとえそれ以下の賃金を支払うという労働者と会社の合意があったとしてもその合意は無効になります。たとえば、最賃額705円であったら、680円という合意は無効となり、差額25円分を請求できます。

賃金額は労働者と使用者との合意によって決まります。その賃金額の変更についても同様です。しかし、実際には使用者の交渉力が強いので、その意向によって賃金が下げられることが少なくありません。それを避けるためには、労働者サイドの交渉力を強める必要があり、労働組合に頼るしかありません。労働組合を作ったり、参加する権利は労組法によって保障されています。

ところで、賃金額の不利益変更の仕方とし

都道府県名	最低賃金時間額(円)
北海道	705
青森	647
岩手	645
宮城	675
秋田	647
山形	647
福島	658
茨城	692
栃木	700
群馬	690
埼玉	759
千葉	748
東京	837
神奈川	836
新潟	683
富山	692
石川	687
福井	684
山梨	690
長野	694
岐阜	707
静岡	728
愛知	750
三重	717
滋賀	709
京都	751
大阪	786
兵庫	739
奈良	693
和歌山	685
鳥取	646
島根	646
岡山	685
広島	710
山口	684
徳島	647
香川	667
愛媛	647
高知	645
福岡	695
佐賀	646
長崎	646
熊本	647
大分	647
宮崎	646
鹿児島	647
沖縄	645

図19　全国の最賃額一覧

ては、労働者の個別の合意によるもの、就業規則の不利益変更によるものなどがあります。

使用者から賃金引き下げの申出があり、本心はいやであっても、それに合意したら賃金が下がります。合意をしたり、サインをすれば、それに見合う責任が発生するというのはまさに大人のルールです。もっとも、その合意が「真意」なのかどうかは問題になります。会社が引き下げの理由をちゃんと説明したか、労働者がそれを理解して合意したかが争われます。賃金はもっとも重要な労働条件なので、合意をするにせよ慎重な判断が必要とされます。

一人ひとりの労働者との個別合意による賃金の引き下げは、手間がかかり、反対する者がいる場合にはやっかいなので、実際には就業規則の不利益変更による場合が一般的です。就業規則の変更は使用者が一方的にできるので、それによって賃金を下げるのは契約上おかしいと考えられていました。しかし、労働契約法10条は、不利益変更に合理性があるかを問題にし、合理性（変更の必要性、不利益の程度などから判断されます）が認められると、労働者が反対していても賃金の引き下げができると定めました。

3　ボーナス

正社員になると基本給以外に、多くの場合、年2回ボーナスが出ます。ボーナスの支給時期や額については、就業規則などによって規定されているのでチェックしておきましょう。もっとも、このボーナスの額は、その時々の会社の業績や本人の勤務成績によるので変動をします。

ボーナスをめぐる主な紛争は、「支給時在籍要件」をめぐるものです。たとえば、6月15日がボーナスの支給日ならば、その日に会社に在籍していなければボーナスがもらえないという規定です。

このような定めは、就業規則による場合が一般的です。支給日前に退職するともらえないので、ボーナスをもらってからやめるほうが有利です。

　この支給日在籍要件については、その規定が賃金全額払いの原則（労基法24条）に違反しないかが問題になります。ボーナスは、支給日前の労働にたいする対価という側面もあるからです。最高裁は、この支給日在籍要件を有効として、支給しないことを認めています。私は、最高裁の判断には納得していませんが、裁判例としては固まっているので、知っておきましょう。退職日は自分で決定できるので、支給日在籍要件については考慮しておきましょう。また、あまっている年休を退職前にとっても、その間は在籍していることになるので、ボーナスはもらえます。

4　退職金

　就職する前から退職金なんて、と思うかもしれません。しかし、退職金については最近多くの争いがあります。知っておくべきワークルールもあります。

　退職金の額は、多くの場合、就業規則で決まっています。勤続年数、基本給額、勤務成績・状態などによって異なります。もっとも、非正規職員にたいしては不支給とする例や正社員であっても勤続年数が短い者（たとえば3年以内）には支給しない例もあります。これらの規定は有効とされています。

　退職金をめぐる主要な争点は、一定の事由に基づく退職金の不支給や支給制限が許されるかという問題です。具体的には、懲戒解雇された場合には不支給とする就業規則の規定です。このような規定は一般的なのですが、賃金全額払い原則（労基法24条）に違反しないかが争いになっています。最高裁は違反しないと判断しています。

そのリーディングケースとなったのは三晃社事件（ケース5）の最高裁判決です。それ以外に、退職事由が自分の都合によるか、会社の意向によるかも争われています。

ケース5
三晃社事件・昭和52年8月9日最高裁判決

事件の内容
　退職後に同じ業種の会社に転職する場合には、退職金は半分しか支給しないという規定が就業規則に定められていました。にもかかわらず、同業の他社に就職することを告知しないで退職金を全額もらったので、会社が半額を返すようにと請求し、この請求は認められました。

裁判所の考え
　「この場合の退職金の定めは、制限違反の就職をしたことにより勤務中の功労に対する評価が減殺されて、退職金の権利そのものが一般の自己都合による退職の場合の半額の限度においてしか発生しないこととする趣旨であると解すべきである」。したがって賃金全額支給原則に反しない。

解説
　退職金の半額支給は全額支給原則に違反しないかという問題について、最高裁は、「退職金の権利そのものが一般の自己都合による退職の場合の半額の限度においてしか発生しない」という判断を示しました。半額しか発生しないので半額の支払いが「全額支払い」になるというわけです。懲戒解雇の場合に退職金を支給しないことは、退職金がゼロの限度で発生するので、ゼロ円が全額になるという構成です。

　やや常識に反する理論ですが、最高裁の立場として重視されています。そのときに退職したら自己都合として退職金が支払われるの

で、その分は確定していると考えるべきものでしょう。私は納得がいかない判断です。ただ、このような「論理」もあることは知っておきましょう。

考えてみよう　自己都合か会社都合か

　就業規則では、退職事由に応じて退職金の支給率が決まっています。自分の都合でやめる場合には1倍、リストラなど会社の都合でやめる場合には1.5倍になります。私は、職場いじめにあい、最初はがまんしていましたが、体調が悪化したのでやめることにしました。ところが、会社は、自分の体調のせいでやめるのだからといって退職事由を「自己都合」として退職金を支給しました。会社は、職場いじめの事実を知っており、それにたいし防止策もとらなかったので、これは「会社都合」と見るべきだと思います。

◇ヒントは81頁に

第10章 労働災害

> 仕事には危険が伴います。建設現場や工場ではちょっとした油断がケガや最悪の場合は死亡につながります。事務やサービスの仕事でも、長時間労働を続けると体調が悪化します。忙しさや人間関係に由来するストレスも見逃せません。

　労働時間や賃金も大事ですが、心身ともに健康で働くことが一番です。そこで、ワークルールは、仕事の安全と労働災害（労災）が発生した場合の保障について定めています。具体的には、安全な仕事環境の確保の観点から、労働安全衛生法が安全教育の必要性や健康診断を受ける権利について規定しています。また、仕事上のケガや病気にたいしては、労働者災害補償保険法が社会保険として対処し、同時に裁判上も「使用者の安全配慮義務」違反として争われています。2つの争う手段があることは知っておきましょう。さらに、仕事上だけではなく、通勤・退勤の途中のケガについても独自に補償されています。

1　労災保障制度とは

　労災にたいし、なぜ、どのように保障しているかを知るために、制度の歴史を振り返ってみましょう。

　かつては「ケガと弁当は自分持ち」という言葉のとおり、仕事をしていてケガをした場合には、労働者が自分の責任で治療などをおこなうこととされていました。しかし、第二次大戦後、仕事に由来するケガや病気は基本的に会社の責任であるという考え方が一般化し、労基法が制定されました。労基法は、仕事上のケガや病気、死亡について、それが仕事に由来する危険が具体化したものである場

合には「業務上」として、使用者が一定の補償をすることを義務づけました。業務上という基準は、労災が発生したことについて使用者に過失があったのかなかったのかを問題にしないという発想です。ここに無過失責任主義に基づく労災保障制度はスタートしました。

しかし、使用者に資力がない場合には、実際上、補償を受けることは不可能でした。そこで、確実に給付を受けられるように国が補償をおこなう社会保険化が図られました（労働者災害補償保険法）。その後、通勤途上の災害を独自に補償する通勤災害制度も導入されました。

ところが1970年ごろから仕事上のケガや死亡を理由として会社に損害賠償を請求する民事裁判が増加しました。最高裁も自衛隊八戸駐屯基地事件（ケース6）において使用者の安全配慮義務を認めてから、これが判例法理として確立しています。

現在、いわゆる労災事件は、労働者災害補償保険法上の事案と労災民事事件があり、双方の請求がなされることも少なくありません。

2 業務上か業務外か

労災とは仕事に由来する危険による負傷や疾病であり、通常は業務の遂行中に、業務に起因して、起こるといわれます。具体的には次のようなパターンがあります。

① **仕事に由来する疾病**（職業病）――仕事上のケガと違い業務との因果関係が必ずしもはっきりとしないので、労基法は、別表において具体例をあげています（75条2項、労基法施行規則35条）。しかし、最近、頸肩腕症候群、腰痛、過労死などその判断が困難な事例が増加しています。労働基準監督署は、関連する通達にしたがって判定しているので、それを知ると便利です。

② **就業中の災害によるもの**――仕事と災害との関連が争われます。作

業用具や施設に由来する負傷などです。労働者に過失や法令違反があっても（たとえばスピード違反）業務上とされます。作業中断中であっても、トイレや水飲みに行くさいの負傷（転倒）は業務に付随するものとして業務上とされています。また、準備や後かたづけについても同様です。

　他方、天災地変による負傷は仕事に由来する危険といえないので業務外とされます。

③ **就業時間外の災害によるもの**——就業時間以外であっても、事業施設の利用中や出張中の負傷については、明確に私的行為でないかぎり業務上とされます。

④ **通勤途上の負傷**——労災の業務上災害とは別に、通勤災害として特別の補償を受けます。ただし、①事業場専用の交通機関による、②途中で用務をなす、③緊急的業務による早出出勤などの場合は業務上とされています。

⑤ **会社の運動会での負傷など**——会社行事への参加が義務づけられ、事業の運営上必要な場合は業務上となります。

3　安全配慮義務とは

　仕事上のケガなどについて、労災補償保険制度以外に損害賠償を請求する民事訴訟が増加しています。人災として会社の責任を追及するわけです。当初は不法行為として、昭和50年ごろからは労働契約上の安全配慮義務違反として損害賠償を認める判例法理が確立しました。そのリーディングケースとなったのが、自衛隊八戸駐屯基地事件の最高裁判決です。

ケース6
自衛隊八戸駐屯基地事件・昭和50年2月25日最高裁判決

事件の内容
　車両整備中の交通事故死にたいし、遺族が損害賠償を請求しました。訴訟を提起した時点で不法行為の時効（3年）がすぎていたので、契約上の義務違反（時効10年）の主張をし、それが認められました。

裁判所の考え
　「国は、公務員に対し、国が公務遂行のために設置すべき場所、施設もしくは器具等の設置管理又は公務員が国もしくは上司の指示のもとに遂行する公務の管理にあたって、公務員の生命及び健康等を危険から保護するよう配慮すべき義務（以下「安全配慮義務」という。）を負っているものと解すべきである。もとより、右の安全配慮義務の具体的内容は、公務員の職種、地位及び安全配慮義務が問題となる当該具体的状況等によって異なるべきもので」あり、「ある法律関係に基づいて特別な社会的接触の関係に入った当事者間において、当該法律関係の付随的義務として当事者の一方又は双方が相手方に対して信義則上負う義務」としました。

解説
　本件は国家公務員の事件ですが、この安全配慮義務の考え方は、民間の労使関係にも適用されています。また、学校や病院におけるケガなどにかんしても安全配慮義務は認められています。

　この安全配慮義務は多様な事件を通じて次のように具体化していきました。

① **職場における物的環境の整備**——たとえば、宿直者が部外者から殺された事件では、防犯チェーン等の物的設備の完備、宿直員の増員等があげられています。

② **ケガや疾病の予防回避措置**――安全教育や健康管理（労働安全衛生法66条）があげられています。基本的に、健康診断を受診させる使用者の義務が規定されています。同時に、受診させることが労働者のプライヴァシーを侵害するかも争われています。また、過労死との関連においては、長時間労働などの働かせ方も問題とされています。

③ **労災が発生した時の緊急措置**――ケガや病気が発生した場合に作業を中止するなどの適切な緊急措置をとることです。たとえば、職場で労働者が倒れた場合に、その原因が仕事にない場合でも、救急車を呼ぶなど適切な行為をしなければ安全配慮義務違反とされます。

　安全配慮義務は、契約上の義務なので、その労使関係の個別的な事情が重視されます。たとえば、病弱な労働者にたいして加重な仕事をさせることは、平均的労働者にとって負担でない場合でも安全配慮義務違反とされる余地があります。

4　過労死・過労自殺を避ける

　死ぬまで働く。ハイテンションな職場で重いノルマをおわされるとそのような事態になりがちです。周りもそれを受け入れていれば、なかなか自分だけで問題にすることは困難です。なによりも死ぬことは予想できません。最近、若い労働者の過労死の事件もみられるので、人ごとではありません。「働けない」と自己主張できなければ、病気になることも危険回避のひとつの方法です。

　この過労死については、「中枢神経及び循環器系疾患（脳卒中、急性心臓死等）の業務上外認定基準」が次のように形成されてきました。重要な基準なので知っておきましょう。

　昭和36年の基準（基発116号）は、特別な過激な仕事（たとえば、数

日間の徹夜作業）があったかを問題としていました。過労死問題が意識されたのは昭和60年以降であり、加重な仕事が発症前1週間程度続いたかが判断材料とされ（昭和62年基発20号）、その後は1週間を越える期間も判断材料（平成7年基発38号）とされました。現在では、平成13年の基発1063号によっています。疲労の蓄積を6月間までを判断材料とするとともに、残業時間につき月80時間という基準を明示しました。

　過労死とともに「過労自殺」についても事件が急増しています。基本的なパターンは、長時間労働によって「うつ」に罹患し、そのために自殺にいたるものです。長時間労働だけではなく、職場のストレス（昇進・配転、上司とのトラブル）に基づく「うつ」のケースが増加しています。

5　通勤災害制度

　労災補償保険法は、職場での労災以外に通勤災害（通災）制度を設けており、労災とほぼ同様の補償を図っています。典型は、交通事故です。それ以外に、階段や雪道で転倒したりすることも含まれます。

　「通勤」とは、「就業するために住居と就業場所との往復を合理的な経路および方法でおこなうこと」をいいます。したがって、経路を逸脱したり、または中断した場合はもう通勤とはいえません。寄り道をせずまっすぐ帰宅しなければならないわけです。寄り道をしたら、たとえその後たとえ通常の帰路についたとしても通勤と見なされません。もっとも、寄り道が「日常生活上必要な行為」（たとえば、保育所への立ち寄り）である場合は、その間は通勤とされませんが、それが終了して通常の帰路に復帰した以後は通勤とみなされます。

考えてみよう：過労死と会社の責任

　A君は長時間労働で疲労が蓄積している様子なので、会社が一度会社の健康診断を受けたらと勧めました。しかし、A君はそれを聞かず働き続けて体調不良で倒れてしまいました。そこで、A君は、この病気は、会社が長時間労働を命じたせいだとして損害賠償を請求しました。A君の主張は認められるでしょうか。

◇ヒントは87頁に

第11章 雇用の終了

> いったん会社に勤めたとしても、リストラや勤務成績不良等で解雇されるかもしれません。解雇以外でも、退職を強要されたり、自分からやめたりすることもあります。雇用の保障はもっとも重要な権利なので、雇用終了をめぐるワークルールは不当な解雇や退職強要から自分を守るためにも知っておくべきものです。

　労働契約関係を解消するパターンとしては、当事者の意思によらない（たとえば、契約期間の満了、労働者の死亡）ものもありますが、通常は意思によるものです。具体的には、使用者の一方的な意思による「解雇」、労働者の一方的意思により会社をやめる「辞職」、双方の合意による「合意解約」があります。このうち、解雇については、労働者の不利益が大きいので「相当な理由」が必要とされています。

　しかし、労働者の意思が関与する「辞職」と「合意解約」については説明が必要です。退職（辞職と合意解約を総称している）について、この2つのパターンがあるのさえ理解していない人が多いというか、ほとんどの人は知りません。【図表20】

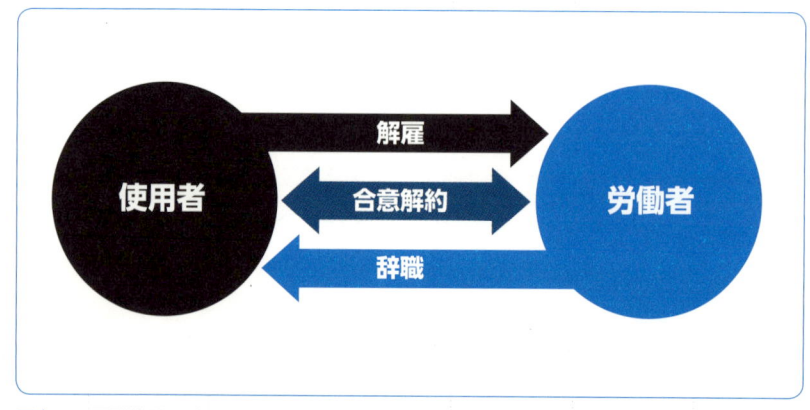

図表20　雇用終了のパターン

1 退職か解雇か

　解雇が「濫用」とみなされると無効とされます(労働契約法16条)。「無効」というのは、解雇の法的な効果が発生しないことを意味します。つまり、解雇が認められないので、契約関係は継続していることになります。そうすると、従業員としての身分が確保され、その間の賃金も請求できるのです。

　「濫用」という言葉が使われていますが、実際には解雇には「正当な事由」が必要であるという見解といえます。したがって、裁判で解雇の正当性が争われた場合には、使用者がその解雇が正当なものであることを立証しなければならなくなります。このように使用者としても、解雇はきわめてリスクの高い行為なのです。

　どうせ契約関係を解消するのなら、会社は解雇よりは労働者の「自主退職」のほうを好みます。自主退職ならば、解雇ではないのでその正当性は問題にならないし、また、1か月前の予告も1か月分の給料相当額を払う解雇予告手当(労基法20条)も必要ないからです。

　そこで、多くの場合、使用者としては労働者に自主退職をうながすことになります。問題は、それがはたして本当に「自主」退職なのか、そうでないのかということになります。意に反する退職を強要することは、その態様によっては不法行為にあたるとされています。不法行為であれば損害賠償の請求が可能となります。

　さらに、デリケートな問題として、労使間の一連の折衝経過からは契約の解消が、「解雇」なのか「退職(通常は合意解約)」なのかがはっきりしないケースも少なくないという点があげられます。たとえば、使用者が「このままの勤務態度なら解雇だぞ」といって、その後労働者が出社しなくなったというケースでは、どちらなのかは必ずしもはっきりしません。このようなケースでは、「解雇」なの

か「退職してほしいという要請」なのかをはっきりさせる必要があります。前者ならば使用者の一方的意思であり、後者ならば、合意を求めているのできっぱり断ることが可能です。労基法22条も解雇理由を明示させることができると定めています。

2　辞職と合意解約

　労働者の意思によって労働関係を終了させる退職のパターンとしては、使用者との合意による「合意解約」と労働者の一方的意思による「辞職」があります。労働者の「やめます」という意思がどちらに該当するかは必ずしもはっきりしません。なんだか面倒でいやだなと思っても、この点は重要なのでしっかりおぼえてください。

【図表21】

合意解約のケース

労働者からの申入れ　→　使用者の承諾　→　約束に基づく退職日

＊この時点で合意解約成立

辞職のケース

労働者からの申入れ　——2週間——　退職日

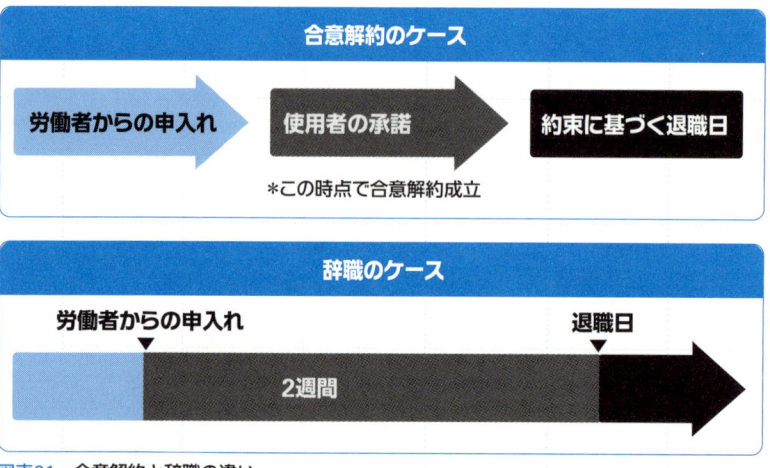

図表21　合意解約と辞職の違い

　では、両者は具体的にどのように相違するでしょうか。「合意解約」は、労使双方の合意が必要なので、労働者からの申込があっても使用者が承諾しなければ解約の効果は発生しません。いつまでも辞め

ることはできないわけです。他方、「辞職」の場合は、労働者の一方的意思だけで一定の期間が経過した後に効果が発生します。この期間は、通常は2週間（民法627号）とみなされています。絶対辞めたいという場合には、辞職が適切な方法といえます。気合いをいれて「やめてやる」といえば辞職の意思とみなされるでしょう。

　この辞職の意思は、確定しているのでその後撤回（なかったことにする）しようと思っても許されません。他方、合意解約の場合には、やめますという意思は「申し込み」ととらえられているので、会社側の承諾があるまで撤回は許されます。この点を明確に判断しているのは、大隈鉄工所事件（ケース7）の最高裁判決です。考えなしに辞めると言っても、翌日「やめるのは、やめた」と明るく言って撤回できるわけです。とはいえ、会社の責任者が辞職を承諾してしまえば、「合意」が成立したとみなされて、撤回は許されなくなります。

　辞職か合意解約の申し込みかがはっきりしないケースは少なくありませんが、通常は、「合意解約の申し込み」とみなされます。会社の承諾を得て円満にやめることを意図していると解されるからです。また、撤回の余地があるのでより慎重な取扱ができるからともいえます。

　ところで注意すべきは、使用者サイドとしてだれが承諾権者かという点です。退職届を直属の上司（たとえば課長）が受領しても同人が承諾権者であることは、一般的にはありません。より上位の会社の役員や部長の承諾が必要になります。退職届の「受領」と「承諾」とははっきりと異なるわけです。

　また、次の2点にも注意すべきでしょう。ひとつは、「辞職」の場合は、その効果が発生するまでは契約関係が継続しているので、出社し、就労する義務があるということです。辞職届だけを提出し、出社しなければ無断欠勤とみなされ、場合によれば懲戒処分の対象になります。こうなると退職金がもらえないこともあります。合意

解約の場合でも、契約関係が終了するまでは就労の義務があります。

もうひとつは、通常、退職の意思表示は、「合意解約」の申し込みとみなされますが、相手がいつまでも承諾しない場合にどうするかです。新たに「辞職」の意思表示をすることも考えられますが、最初の意思のなかに「辞職」の意思も複合的に含まれている、つまり、一定期間内（たとえば、2週間）に使用者からの承諾がなされなければ一方的に退職する意思も併存していると構成することも可能です。本人の実際の意向に近いと思われるからです。

ケース7
大隈鉄工所事件・昭和62年9月18日最高裁判決

事件の内容
労働者が退職届を提出し、それを人事部長が承諾した後に労働者が退職届の撤回を求めました。人事部長の承諾により合意解約が成立したか、また撤回が許されるかが争われました。

裁判所の考え
「I部長に被上告人（会社のこと）の退職願に対する退職承認の決定権があるならば、原審の確定した前記事実関係のもとにおいては、I部長が被上告人の退職願を受理したことをもって本件雇用契約の解約申込に対する上告人の即時承諾の意思表示がされたものというべく、これによって本件雇用契約の合意解約が成立したものと解するのがむしろ当然である。」

解説
本判決は、必ずしも明確に判断しているわけではありませんが、会社の承諾がなされるまでは退職届けの撤回ができることを前提にしています。ただ、人事部長が承諾権者に当たるかについては、より詳しく事実関係を明らかにするために原審（この場合は名古屋高裁）に差し戻しています。

3 解雇は厳しく規制されている

　自主退職がなされなければ、解雇という事態になります。この解雇については、3つの観点から規制がなされています。よほどのことがなければ解雇は許されないわけです。

① **差別的な解雇は禁止されている**——たとえば、思想・信条（労基法3条）、女性であること（均等法8条）、労働組合員であることや正当な組合の活動をしたこと（労組法7条）を理由とする解雇は差別的なものとして禁止されています。

② **解雇事由に該当しない場合**——就業規則や労働協約で解雇事由が定められている場合、その事由に該当しない解雇は無効とされます。たとえば、就業規則で解雇事由として「無断欠勤10日」という定めがあれば、無断欠勤8日では解雇はできないことになります。

③ **解雇に正当な事由がない場合**——労働契約法16条は「解雇は、客観的に合理的な理由を欠き、社会通念上相当であると認められない場合は、その権利を濫用したものとして、無効とする。」と定めています。濫用という言葉を使っていますが、実際は解雇に正当事由が必要であるとみなされています。なんとなしに解雇することは当然許されないわけです。

　では、どのような場合に解雇が正当とされるでしょうか。
　労働者サイドに理由があるケースとしては、勤務成績不良、業務命令違反、病気での就労不能などがあげられています。もっとも、その基準は必ずしも明確でありません。会社は、解雇をする前に、いろいろな指導や教育をし、それでも勤務成績が上がらなければやむなく解雇しうると解されています。また解雇の理由を明らかにし

なければなりません。

他方、使用者サイドに理由があるケースが整理（リストラ）解雇です。

4　整理解雇が許される場合

裁判所は多くの事例を通じて整理解雇の有効性についての法理を形成してきました。つまり、整理解雇が有効とされるためには、次の4つの要件を見たさなければなりません。

① 　人員整理の必要性があること
② 　あらかじめ解雇を回避する措置をとっていること
③ 　対象者の人選基準とその当てはめが相当であること
④ 　労働組合等との協議・説明がなされたこと

かなり厳しい義務が使用者に課せられているわけです。というのは、リストラにともなう整理解雇は会社の責任とされているからです。

もっとも、この「4要件」をすべて満たす必要があるという見解と必ずしもそう解さず、いわば全体として適正な解雇をしたかを問題にする「4要素」的見解があります。法律といっても考え方がいろいろあるわけです。ただ、この問題についてはどちらをとっても結論にあまり違いはありません。

ここでは、実際の事件でよく問題となる②の問題について説明をしましょう。人員整理の必要性が認められたとしても、すぐに解雇をすることは許されません。解雇はあくまで最後のやむをえない手段でなければいけません。それ以前に次のような解雇を回避する措置をとらなければならないとされています。

新規採用の停止、残業時間を減らすこと、昇給の停止、配転・出向、一時帰休、さらに会社遊休資産の売却や役員報酬のカット、再

就職斡旋などです。実際には、最終段階での「希望退職の募集」がポイントとなります。最高裁は、職員に十分説明せず希望退職の措置を取ることなく突如解雇の通知をしたことを信義則に反するとしました。

③については、勤務成績、企業貢献度、年齢、家族構成等が考慮されています。

考えてみよう　人選基準の適切さ

小規模の会社で、経営が悪化したので従業員の1名を選び整理解雇をする必要がでてきました。そこで希望退職の募集をしましたがだれも名乗りを上げなかったので、対象者をA君とB君にしぼりました。A君は仕事はまずまずですが、仲間とはあまり打ち解けていません。他方、B君は、仕事はA君に劣りますが、快活で職場を明るくしてくれます。法的に見てどちらを選ぶべきでしょうか。

◇ヒントは96頁に

第12章 有期雇用の更新拒否

雇用終了の仕方は、使用者の一方的意思に基づく解雇、労使の合意による合意解約、さらに労働者の一方的意思による辞職があります。それ以外に、雇用期間の定めがある有期雇用の期間が終了した場合に更新の拒否がなされるケースがあります。アルバイトやパートなどの非正規労働者の多くはこの有期雇用なので、期間途中の解雇よりは、期間満了時の更新拒否のケースがほとんどです。そこで、本章では更新拒否をめぐるワークルールを解説します。また、試用期間の満了にともなう本採用拒否が争われるケースもあるので、ここで検討します。

1 解雇はやはりまずい

　　　　解雇については法律で厳しく制約されているので、実際に解雇することは簡単ではありません。そこで、多くの会社は、解雇にいたる事態を極力避け、次のような仕方で雇用調整や雇用関係の解消をおこなっています。

① **自主退職の要請・強要**――解雇予告手当の支払い（労基法20条）を免れるとともに解雇のリスクを負わないためといわれます。

② **雇用期間の設定**――労働契約に期間の設定をおこない、期間満了を理由として「自動的に」契約関係を解消することです。まさに雇用終了の理由を問わず自動的に雇用関係を解消するところがポイントです。ここではこの問題をとりあげます。最近このような事件が増加しています。

③ **間接雇用の利用**――労働者を直接には雇用せず、請負や労働者派遣を通じて労働力を利用することです。利用するだけで雇用

のリスクを負いません。会社にとってはこんなおいしい話はありません。

2 労働契約の期間は

労働契約は通常継続的なものなので、期間の有無・長さが問題となります。期間の定めのないものと期間の定めがあるものに大別されます。会社の正規社員として採用され定年まで働くような場合は、期間の定めのないことになります。このようなケースが一般的であり、使用者が契約関係を一方的に解消するためには「解雇」せざるをえません。

他方、期間の定めがある場合は、それが長期間であると労働者の退職の自由を不当に奪うという理由から労基法14条は原則その期間を最長3年間（高度の専門的知識を必要とする業務に就く場合などは5年までの延長が許される）と定めています。ここでは、雇用の保障よりも「労働者の退職の自由」が重視されていることを知っておきましょう。ただ、最長3年といっても、期間満了のときに契約を更新することは許されているので、有期雇用であっても長期間にわたって期間が更新されることは少なくありません。そのような場合には、なんのための期間設定かが問題となります。ここに有期雇用の基本的な問題があります。

3 更新拒否は自由か

契約期間を設定すること（有期化）の効果は、原則的には契約期間中は正当な理由がなければ関係を解消できないことです（労働契約法17条）。他方、期間が満了したときの解消にはなんらの理由も必要ではないことを意味します。では、労働契約についても同様に考え

ることができるでしょうか。

　この点は、昭和40年代までは、臨時工の問題として活発に議論されていました。昭和49年、東芝柳町工場事件（ケース8）で最高裁判決は、何回か更新を繰り返した場合には期間の定めは実質的に意味がなくなり更新拒否に相当な事由が必要になる、という判断を示しました。この裁判が今でも強い影響を及ぼしています。その後、更新が繰り返されたことにより労働者に今後も更新されるという「期待権」が出てきた、という理由も付け加えられています。

ケース8
東芝柳町工場事件・昭和49年7月22日最高裁判決

事件の内容
　2か月の契約期間が5回から23回更新されてきた臨時工らが更新拒否されたので、そのような拒否は許されないとして従業員たる地位を請求し、認められました。

裁判所の考え
　「実質において、当事者双方とも、期間は一応2か月と定められてはいるが、いずれかから格別の意思表示がなければ当然更新されるべき労働契約を締結する意思であったものと解するのが相当であり、したがって、本件各労働契約は、期間の満了毎に当然更新を重ねてあたかも期間の定めのない契約と実質的に異ならない状態で存在していたものといわなければならず、本件各傭止めの意思表示は右のような契約を終了させる趣旨のもとにされたのであるから、実質において解雇の意思表示にあたる、とするのであり、また、そうである以上、本件各傭止めの効力の判断にあたっては、その実質にかんがみ、解雇に関する法理を類推すべきである」。

解説
　この判決が出るまでは、更新拒否は契約期間終了後に「新規に雇

用しない」ことにすぎないので、更新拒否は自由であるという見解もありました。しかし、この最高裁判決以降は、何回か更新されたケースについては、期間の定めはそれほどの意味がなくなり、解雇の法理が「類推適用」されることによって、更新を拒否する場合には相当な理由が必要であるという考えが一般化しました。でも、最初の更新拒否の場合には、この考え方は当てはまりません。この点は、最近の裁判例も悩んでいるテーマですが、後の6で考えます。

4 類推適用の仕方は

　では、解雇の法理はどのように類推されているのでしょうか。原則は、通常の解雇と同様に「相当な事由」が必要とされます。ただし、次の3つのケースについて事案に応じた特別の配慮をしています。こうなると有期雇用は不利な雇用形態といえます。

① **整理解雇の場合**——整理解雇は、企業経営の必要性から何人かを解雇せざるをえないという場合ですが、解雇の対象者の選定にあたってはなんらかの整理解雇基準が使われます。たとえば、A君の勤務成績が良くても他の労働者のそれがよりよければA君は解雇の対象になるわけです。そこで、整理解雇が必要となると、有期雇用の者は、期間の定めない正社員に比べて会社との距離が疎遠であり、身分も不安定であるとして、正社員に優先して解雇することが認められています。

　とはいえ、パートなどの有期雇用者について整理解雇の法理の適用がまったくないわけではありません。いわゆる整理解雇の4要件・4要素（人員整理の必要性、解雇回避措置、人選基準・当てはめの相当性、組合等との協議・説明）は当然適用されるので、その要請を満たさない解雇はやはり無効となります。たとえば、パート全員を解雇する必要がない場合には、パートを対象とした相

当な人選基準や解雇回避措置が必要といえます。

② **定年後の高齢者の更新拒否の場合**──再雇用後の更新拒否事案については、更新すればするほど高齢になりその意味では能力が低下します。また、労働者の期待利益も減少するといえるので更新を拒否しうる幅が広がるわけです。

③ **労務提供の内容や配置について使用者に裁量の幅が大きい職種の場合**──この場合は更新を拒否しうる余地が大きいといえます。たとえば、大学受験のための小規模予備校の非常勤教師や大学の非常勤教員のケースです。

5 最初の更新拒否も許されない場合がある

　最初の更新拒否の場合であれば、使用者は自由に更新拒否をできるのでしょうか。次の3つのケースについては、許されないという判断がなされています。

① **使用者が更新の可能性をいっていた場合**──有期雇用のかたちをとっていても、使用者が更新される可能性があることをいっていた場合（たとえば、「問題がなければずっと勤められるから」）です。こうなると更新されるという期待が認められます。

② **原則として更新するという会社の慣行がある場合**──この慣行は、労働契約の内容になります。使用者も拘束するわけです。

③ **試用期間とみられる場合**──神戸弘陵学園事件では、新設校の常勤職員として1年間の期間で採用された教師にたいする最初の更新拒否の適否が争われました。最高裁（平成2年6月5日）は、次のように判断しました。

　「使用者が労働者を新規に採用するに当たり、その雇用契約に期限を設けた場合において、その設けた趣旨・目的が労働者の適性を評価・判断するためのものであるときは、右期間の満

了により右雇用契約が当然に終了する旨の明確な合意が当事者間に成立しているなどの特段の事情が認められる場合を除き、右期間は契約の存続期間ではなく、試用期間であると解するのが相当である」。

　つまり、1年間の雇用というのは、試用期間が1年という意味であると解したわけです。こうなると1年たった時点で自由に更新拒否ができるわけではありません。相当な事由が必要となります。勤務成績・態度が悪く、教育しても是正できないようなケースです。

　以上のように、契約期間を定めていても、その期間の満了時に自由に更新拒否ができるわけではないという見解がしだいに認められてきました。

6 期間設定の意味は

　以上のように最初の更新拒否までも許されないことになると、契約期間の設定の自由も問題になります。つまり、契約期間の設定は契約終了時期の設定にほかならないので、期間満了で自動的に契約関係が終了すると考えると「解雇制限法理の潜脱」（正当な理由がない限り解雇できないという法理を回避できること）になるというのがその理由です。

　この立場によると、期間を設定する場合には一定の期間を設定する合理性が必要になります。たとえば、産休をとる社員の代用の期間とか、海の家の繁忙期間とかがその例といえます。継続的な仕事があるパートについてまでなぜ有期雇用という採用形態をとならければならないのかが問われているのです。有期雇用であることは、非正規雇用の不安定さの原因なので、この点の是正は緊急の課題といえます。現在立法化の動きがあるので注目してください。

考えてみよう　新規に期間設定をされたら

　期間の定めのない契約でしたが、会社から「今後契約期間を1年にする」とか「来年度は必ず辞めてもらう」といわれました。やむなくそれに合意したところ、1年後に更新を拒否されました。このケースはどう考えられるでしょうか。また、どうすればよかったのでしょうか。

◇ヒントは103頁に

第Ⅲ部 ワークルールを生かす

第13章 労働相談の仕方

会社で働いているといろいろな問題に直面します。会社の人間関係や仕事の仕方、さらにワークルールも問題になります。このワークルールについては、その内容を知るとともにそれをふまえて自分の権利を主張し、実現することが必要となります。そこで、本章では労働相談で適切なアドバイスを受ける方法を考えます。

1 権利意識を持つ

　権利を自分のものとして主張するためには、知識だけでなく、権利を主張するという気持ち・気合いがどうしても必要です。ところが、この気合い、格好よく言えば「権利意識」を自分のものにするのは容易ではありません。自分の権利を侵害する会社の行為は許せないというある種の正義感が求められます。同僚に向けられた場合にもそう感じるかが重要です。想像力や共感する能力の問題という側面があります。どういうわけか、学校教育では適切に教えられてはいません。

　そのためには不満や苦情をどう的確に相手に伝えるかが問われます。理解を求めるとはいえ、一定の対立状態が前提になります。私たちは、対立関係をクールに処理することに慣れていません。とりわけ、草食系若者はにがてです。自分の考えを、はっきり言わない、対立しない、さらに目立たないというかたちで自分らしさを保持する傾向にあります。本気で対立状態になると、「切れる」か「逃げる」かの選択肢が一般的ではないでしょうか。基本的に、対立者と関係を形成することをいやがるわけです。

　そこで、最近はディベートの授業や法教育も重視されています。

しかし、ディベートの授業でも、それぞれの立場は本人ではなく先生が決定し、議論内容も知識のレベルが中心になりがちです。論争よりも知識量を競うかたちになっているのです。価値判断や立場の違いを議論を通じて埋める作業としてはきわめて不十分です。

では、対立した人とクールに議論し、理解を深め、それをふまえて行動しうる資質をどう獲得すべきでしょうか。現在の教育制度の最大の課題である思われます。ここでは、ワークルールはそのような行動をするキャラを前提にしていることを指摘しておきます。

2 日々の生活を見直す

何かあったときに適切に権利を主張しうるためには、まず日常の生活から見直す必要があります。自分のことを理解し、場合によれば一緒に悩み、自分のために証言し、少なくとも敵対しない人間関係を職場の内外でつくることが必要です。このような人間関係のないところでワークルールを実現することはとても困難です。日頃のつきあいなしに、必要なときだけ他人に頼り、利用することは許されません。日ごろの行ないは結局自分に返ってきます。

たしかに、権利も義務もそのような人間関係を前提としてはいません。むしろ、キミたちは、法律は、面倒くさい人間関係から自由な個人を前提としていると思っているかもしれません。しかし、こと労働法上の権利・義務については職場での人間関係や状況が重要な意味をもちます。権利主張をする場合はもちろんとして、ワークルール自体も、同僚との利害の共通性がその前提になっており、自分だけでなく職場全体のルールにほかならないからです。

実際にもワークルールにかんして紛争が生じた場合に、自分を支援し、証言してくれる仲間がいるかいないかは決定的です。たとえば、会社のいじめやパワハラの実態については同僚しか目撃者はい

ないわけです。ここで注意してほしいことは、人は案外自分のためだけには戦わず、自分たちという広がりが自分を支えてくれることです。ちゃんと働いていたならば通常そのような人間関係はできているはずと思います。要は、日ごろの行ないが重要です。説教めいてきましたが。

3　一緒に行動する仕組み

　ワークルールをめぐる争いは、個人的な問題であっても多くは、職場全体のルールとして争われます。そこで、労組法は、一緒に行動する仕組みとして「労働組合」を構想しました。

　労働組合は、職場において会社と個々の労働者との力関係が平等でないということから、労働者の力を結集していくらかでも対等な関係にたって労働条件を決定するために作られたものです。一人では弱いからみんなで団結するわけです。でも、弱い人がたくさんあつまっても強くならず、むしろますます弱くなることもあります。人間集団の難しいところです。

　日本において労働組合運動が一番盛り上がっていたのは、第二次大戦後の1940年代後半です。組合組織率は50％を超えていました（現在は18％）。飢餓や食料難で、団結しなければ生きていけない時代でした。会社や役所の管理機構も解体されて、その意味では妙に平等な社会でもあったわけです。ところが、生活がだんだん豊かになり、会社の管理機構も整備され組織率は低下しました。とりわけ、最近は、企業内における同僚間の競争が激化し、さらに成果主義人事システムなどが導入されると、連帯するより自分だけはと抜け駆けする生き方が評価されるようになりました。ハイテンションの競争大好き人間は別として、働きにくい職場になっています。

4　相談の仕方

　労働相談を受ける立場として困ることは、相談者が適切に事情を説明できないことです。せっぱ詰まって相談に来ることが多いので、どうしても気持ちが入りすぎる傾向にあります。使用者にたいして一定の対処が必要な場合には、やはり相談担当者に適切な説明をすることが不可欠です。

　では、どのような工夫が必要でしょうか。以下のことについてあらかじめメモを作っておくことが有用と思われます。スムーズに相談ができるし、自分なりの考えもまとまるからです。

事実関係を明確にする

　事実関係と言っても多様な見方があり、どうしても自分に有利にものを見てしまうことはやむをえません。しかし、相手の主張もふまえて解決することになるので、可能なかぎり自分にとって不利なことも含め客観的に話すことが重要です。相談を受ける立場からすれば、相談者を信頼できるかどうかは大きな問題です。

　具体的には、①事実がどうであったかと、②それについてどう感じたかを区別すること、③相手がどのように主張しているかも説明することです。

　そのさいに留意すべきことは、ともかく自分の気持ちを聞いて欲しいのか、ルール違反を問題にしたいのかをはっきりさせることです。後者ならば、ルール違反の有無に関連した事実を主に説明することになります。他人に相談するのですからそのぐらいの配慮は必要です。相談担当者は、味方ではなくあくまでアドバイザーにすぎないからです。相談担当者は、案外相談の仕方をみて事件の背景や原因を推定することが多く、「こんな自己本意な主張する人ならば

クビになってもしかたがないか」と感じることもあります。

　そのためには、関連する資料や文書を提出することが効果的です。たとえば、就業規則、労働契約書、離職票などであり、これらの基本的な資料については手に入った段階であらかじめ保管しておくべきでしょう。就業規則は使用者に周知義務がある（労基法106条）のですからあらかじめもらっておきましょう。もっともそんな用意周到な人は少ないので、紛争が生じてからでもいいから資料や文書は必ず残しておくことが必要です。なにもなければ、手帳や日記でも用意しておくことも考えられます。労働時間の算定やセクハラ・パワハラの有無について利用できることが少なくありません。

トラブルをどう解決したいかをはっきりさせる

　解決の仕方がわからなければ、どのような解決パターンがありうるかを聞くことが必要になります。たんにルールを知りたいという相談も少なくありませんが、通常はなんらかの対処・解決を求めています。その場合に自分の本音や決断を適切に伝えることが重要です。自己責任・決断の世界です。最近相談を受けていて強く感じるのは、自分の問題であるにもかかわらず、相談機関やあっせん機関に頼りすぎる傾向です。相談担当者は、サポートをしますが味方ではありません。

　以上のことに留意して相談がスムーズに進んだとしても、相手がいることなので紛争の解決が自分の思うようにいくかどうかは別問題です。それでも、相談が適切になされることは解決の可能性を大きくします。

5　企業外での解決機関に頼る

　企業外の紛争処理機関としては、裁判所、労働審判、労働局の斡

旋機関、労働委員会などがあげられます。紛争の内容に応じてそれらを利用する必要があります。

裁判所――法的に白黒をつけたい場合に利用しますが、権利・義務にかんする紛争だけが対象になります。

労働審判――裁判所より簡易にかつ迅速に法的な紛争を解決するために設置されました。原則3回の話し合いで解決する建前なので迅速といえますが、そのための準備は大変です。裁判や労働審判については、自分だけで利用することは事実上困難です。しっかり勉強すれば不可能とはいえませんが、相手側に弁護士がいる場合がほとんどですので、少なくとも外部からのなんらかのサポートは必要といえます。

労働局や労働委員会の斡旋――自分だけで戦いたい場合に便利です。斡旋とは、当事者の主張を聞き、自主的な解決を援助することです。裁判所ほど手続きや立証についてうるさくはないし、また斡旋員もいろいろアドバイスしてくれます。ただ、斡旋には強制力がないので、斡旋案を作ったとしても相手が受け入れなければ解決にはなりません。また、斡旋はある程度相手も納得する内容になるので、どうしても不満が残る場合が一般的です。

　私も北海道労働委員会において個別斡旋（組合がからまない個人の労働問題についての斡旋のこと）の経験が多くあります。労働委員会の斡旋は、公益委員だけではなく労使の委員も含んだ三者構成でおこなうので、労働者側の委員が労働者にたいし一定の助言・サポートをしてくれます。使用者についても同様なことがなされるので、より納得のゆく解決がしやすいといわれています。もっとも、斡旋の主体はあくまで当事者なので自分たちが解決したいという気持ちが不可欠といえます。あっさり諦めてもいけませんが、絶対勝ちたいと思ってもうまくいきません。

第14章 労働組合を利用する

「労働組合」ときいてもあまり身近な組織ではないと思います。既得権擁護を目的としているとして社会的評価は最近あまり芳しくありません。元気のない組織といえます。しかし、ワークルールの実現の観点からは重要な役割を果たしています。

具体的には、労働組合はワークルールの実現の観点から次の2つの側面において重要な役割を果たしています。

① **ワークルール自体を決定する機能**——労働者の意向を反映したワークルール、たとえば賃金額や労働時間などの基本的労働条件を決定するためには、労働組合と使用者との合意（労働協約）によることが一般的です。労働組合がなければ、使用者が一方的に決定することになりがちです。

② **ワークルールを実現する機能**——ワークルール違反行為があったとしても、個人が会社を相手に文句を言うことは容易ではありません。職場の仲間の意向を反映するほうがずっと容易です。また、実際にもワークルール違反行為が特定の個人だけについて生じることはまれです。職場における違反行為として現象します。したがって、労働組合を通じてワークルールの実現を図るほうが効果的ですし、また職場のニーズにも適合します。同時に、職場でワークルールについて疑問を出したり、愚痴ったりする場所になります。個人レベルにおける労働条件の適正な決定のためにも、同僚などにかんする関連情報の獲得・共有は不可欠といえます。

ここでは、労働組合を作り、運営するさいのワークルールについて、「組合員であることを理由とする差別」、「団交要求の拒否」を

中心に検討します。職場において、自分たちの労働条件や権利を守るために、労働組合は身近な存在です。

1 労働組合法とは

　労働条件の決定の仕方は、まず、労基法や最低賃金法などの労働基準関係の法律が最低基準となります。そのうえに使用者によって作成された就業規則が企業内の労働条件の最低基準となります（労働契約法12条）。さらに、それを超える労働条件は、労使の合意によって設定されることになっています。とはいえ、個別の契約では、労働者の力が弱いので事実上困難です。そこで、実際には、労働組合と使用者との労働協約によってそれ以上の労働条件が決まることが期待されます。この協約には「規範的効力」があり（労組法16条）、組合員の個別契約の内容や就業規則に優先します。【図11参照】

　わが国の労働法は、以上のように協約を通じて労働条件の維持改善を図ることを予定しています。そのために団結権、団交権、団体行動権を保障するとともに（憲法28条）、労組法において不当労働行為制度を規定しています。

　ところが、労働組合運動は、戦後の異常な盛り上がりから徐々に組織率を低下し、現在では18%を切っています。8割近くの労働者は組織されていないわけです。その結果、多くの企業内において、労働者の要求を集団的に代表するシステムが存在しなくなりました。

2 労働組合のあり方

　労働条件の個別化や個人中心の考え方が重視されるようになっています。しかし、職場における連帯（仲間であること）の基盤は（長期的、全体としての）労働条件の共通性にほかなりません。その意味では連

帯の主要な担い手は「市民」や「政治組織」ではなく企業や職場中心の組織にならざるをえません。意識的に団結するというよりも団結せざるをえない状況があるからです。

労働組合と認められるためには次の3つの要件が必要です。

① 労働条件の維持改善を目的とする
② 労働者が主体となる
③ 2人以上の参加

職場の仲間で労働組合を作るのは驚くほど簡単です。もっとも、会社にたいして一定の発言力をもつためには、多くの仲間の参加があったほうがいいでしょう。

3 不当労働行為制度とは

組合活動をする権利を保障するために、組合員であることを理由とする解雇や組合活動への介入は、「不当労働行為」として禁止されています。この不当労働行為制度は、①裁判所ではなく労働問題の専門家からなる各県の労働委員会によって運営されている点、②使用者の組合活動を制約する行為が広範に禁止されている点に特徴があります。

実際に、多く問題になるのは、組合活動や組合員であることを理由とする不利益取扱いです。労組法7条1号は、組合活動などを理由として、「解雇し、その他これに対して不利益な取扱をすることを」禁止しています。この不利益取扱いのパターンは、解雇や懲戒処分だけではなく、仕事上の差別やいじめも含みます。差別を受けた人だけではなく、他の組合員や従業員にたいしても多大な見せしめ的効果がある典型的な不当労働行為にほかなりません。

もっとも、組合員にたいする不利益取扱いのすべてが不当労働行為として禁止されているわけではありません。組合員たることや組

合活動を理由としない場合、また不利益取扱に合理性が認められると原則として不当労働行為とはみなされません。組合員だからといって何をやってもいいわけではありません。実際の事件において使用者は、不利益取扱いの合理性について主張するのが通例です。たとえば、組合委員長の解雇について勤務成績や態度が不良であることを理由とします。

このようなケースでは、組合員たることや組合活動を使用者が知っていることを前提に、基本的に次の2つの観点から考えます。

① **不利益な措置に相当な理由がない場合**――不当労働行為とみなされた事件の多くはこのパターンといえます。たとえば、解雇のケースにおいて、まったくその理由がない場合や多少労働者に問題があっても解雇が重すぎる場合です。

② **差別的な措置がなされた場合**――不利益な措置にそれなりの合理的理由が認められても、組合員以外が同じようなことをした場合に比較してことさら差別的な措置がなされた場合です。正確にいえば、組合員以外の者にたいしては相当な処分・措置がなされていない場合といえます。たとえば、会社をサボっていても組合員以外にたいしてはまったく処分をしないが、組合員についてだけ処分をするケースです。特定の組合員であったためにことさら不利益に取扱われたものと解されるので、やはり不当労働行為と評価することができます。

4 なんのための団交権保障

労働組合を作る理由のひとつは、使用者と交渉する権利、つまり団交権が保障されているためです。通常は、話し合いを（交渉）するか否かは、双方の合意によります。ところが、労使関係においては、労働組合に団交「権」が保障されているので、話し合いに応じ

ることは使用者の義務となります。話し合いをしたくないと思っても、正当な理由がないかぎり拒否はできないのです。このような権利が保障されているのは、労働組合だけです。

そして、団交権の保障とは、団交に応諾することが使用者に義務づけられることを意味します。不当労働行為の救済機関である労働委員会は、団交拒否にたいしては団交に応諾することを命じます。

では、なぜ団交権までが保障されているのでしょうか。それには次の2つの目的があります。

① **団結、つまり労働組合の存在自体の承認**——たとえば、組合が結成され、団交を要求したにもかかわらず、それが拒否されると組合の存続自体も危ぶまれます。労働条件の決定に関与できないだけでなく、その間に労働組合が消滅することも珍しくありません。そこで、交渉の場を国が設定して、団結活動をバック・アップする必要が出てきます。

② **経営参加**——労働条件の決定を通じて間接的に経営内容に関与しているわけです。職場内において発言する仕組みとしてとても貴重なものです。同時に、話し合いを通じて平和的（争議行為をすることなし）に労働条件を決定する目的ももちます。

5　団交拒否の類型

団交拒否のパターンとしては、いろいろな理由を付けて団交に応じない「拒否」パターンと団交に応じるがその態様が問題となる「不誠実交渉」パターンがあります。

① **拒否パターン**——組合は使用者が「雇用する労働者の」代表者といえるか、また、交渉事項が労働条件とどう関連するか、さらに団交を開始するさいに、いつ、どこで、何名参加して、何時間の予定で開催するか（交渉ルール）などが問題となります。

② **不誠実な交渉のパターン**──交渉のテーブルには着席するものの、交渉に誠実に応じない態度が問題になります。とりわけ、会社提案について適切な説明をしたか、関連資料を提出したかが争われています。

著者からのメッセージ

　この本は、高校生にワークルールを教えることを主目的とするNPO「職場の権利教育ネットワーク」の活動の一環として書かれました。5年前に発足したこのNPOは、大学教員、弁護士、労働組合関係者が中心となり、北海道でささやかな活動を続けています。

　私も、今まで10校近くの高校で職業指導や講話の一環としてワークルールの話をしています。教室で対話型の話をしたこともあります。

　そこで、痛感したことは、ワークルールの知識がない（もっとも、最低賃金額を知っている生徒は多かった）ばかりか、社会的な問題について疑問をもったり、議論をする態勢ができていないことでした。そのような世界があるということを知らないといったほうが正確かもしれません。

　キャリア教育レベルは別として、労働組合も含めて教育界全体としてワークルールを知りたいという熱意はあまり感じられません。社会全体としても同じ傾向といえます。

　ワークルールは、職場における権利・義務にかんするものですが、それを通じて、働くことの意義や会社のあり方も問われます。自分の意見を的確に伝え、相手の立場も理解するという議論の仕方も身につくことが期待されます。

　信頼しうる仲間と働きがいがある仕事ができることを期待して、最後に、NPOの設立趣意書を紹介します。

NPO「職場の権利教育ネットワーク」設立趣意書

　「パートにも年休があるのですか」、「就業規則を社内秘だといって見せてくれないのですけど」。

　景気の回復期とはいえ、若年者の就労環境は改善していない。勤労意欲の減退も顕著である。若年者ばかりでなく、労働者の平均賃金は減少傾向にあり、非正規労働者の割合も増加している。社会全体として明確な格差が生じている。社会的格差は常にあったが、現在のそれは、自己責任の結果として格差を好ましいとする点に特徴がある。

　このような状況に対し、勤労意欲の向上等のために学校教育において「生きる力」の獲得やキャリア教育が試みられている。最近は、主に格差是正の観点から、政府の政策として「再チャレンジ」も強調されている。たしかに、仕事をする能力の教育や格差の是正は必要である。しかし、仕事や労働に関する意欲や能力の獲得だけを重視するだけでは、確かな労働生活の実現は困難といえる。ライフ・ワークのバランスや職場において尊厳を守るためにも労働の担い手の権利を実現することが不可欠である。

　この権利は、労働条件については主に労働基準法によって、労働条件決定の担い手たる労働組合の結成・運営については労働組合法によって具体化されている。さらに、雇用保障、職場における労働者の人格権やプライヴァシーについては主に裁判例によって保護され、全体としてワークルールを

支える労働法体系が形成されている。

では、このような労働法体系につき実際にどのように教育がなされているか。その一は、学校教育のレベルであり、特に、高校の公民においてなされている。教科科目以外では、総合学習や進路指導でも取り上げられることがある。その二は、職業教育のレベルであり、主に職業高校・専門学校等において学校教育の一環として学ばれている。その三は、就職した後の社員教育・組合員教育のレベルである。その四は、大学教育のレベルであり、労働法の体系的教育がなされ、専門基礎的な側面と働く市民向けという2つの側面がある。その五は、専門家教育のレベルであり、大学院教育が中心となる。弁護士や労働法に関連するパラリーガル、さらに研究者を養成する教育である。

職場においても自己責任が強く要請されているにもかかわらず、自分（達）を守るために労働法の知識を獲得すべきであるという社会的要請はあまりない。実際にも学校教育や社会教育において、十分な教育はなされていないばかりか、そのような教育をすべきであるという問題関心にさえ欠ける。最近では、むしろ権利主張を行う人間を、協調性がないとして排除する危い傾向さえみられる。労働組合を作るなんてもってのほかということになる。

一方、若年者の失業率の上昇やフリーター化、さらにニートの出現に関しては社会的に大きな注目を浴び、キャリア形成のために学校教育や雇用促進施策につき多様な試みがなされている。たしかに勤労意欲の涵養やキャリア形成の必要性は否定しがたい。しかし、職場における権利やワークルールを全く無視して勤労意欲の側面だけが強調されることはやはり異常である。職場において権利が守られるということは「働くこと」の前提であり、営々と築き上げられてきた「文化」に他ならないからである。また、生きる力は、職業能力だけではなく、権利主張をする知識と気構えをも含むものと思われる。この権利保障は、とりわけ若年者について、勤労意欲の向上に役立つばかりでなく、職場の風通しをよくすることによって経営効率や職場定着率をも高めることも期待される。同時にこのような権利教育は、民主主義の担い手を養成するという市民教育でもあることも強調したい。

そこで、本法人においては、ワークルール教育を実現、支援するために次のような事業を企画している。

1　学校におけるワークルール教育のために専門家を派遣すること。そのために専門家のネットワークを形成するとともに、人材のデータを作成すること。
2　ワークルール教育や労働教育のための資料やテキストを作成すること。そのために必要な調査・研究をすること。
3　ワークルール教育の担い手の教育・研修を行うこと。
4　労働に関する相談を行うこと。

著者紹介 　**道幸哲也** （どうこう　てつなり）

放送大学教授。NPO法人・職場の権利教育ネットワーク代表。北海道大学名誉教授、北海道労働委員会会長、北海道地方最低賃金審議会会長、日本労働法学会元代表理事。
主な著書に、『労使関係法における誠実と公正』、『成果主義時代のワークルール』、『労働組合活用のルール』、『15歳のワークルール』、『ワークルールの基礎』（旬報社）、『不当労働行為救済の法理論』（有斐閣）、『不当労働行為の行政救済法理』、『労働組合の変貌と労使関係法』（信山社）、『不当労働行為法理の基本構造』（北海道大学図書刊行会）、『職場における自立とプライヴァシー』（日本評論社）など。

[NPO法人 職場の権利教育ネットワーク]
〒060-8616　北海道札幌市中央区北4条西12丁目1-11 ほくろうビル5階
電話：011-211-8742
FAX：011-272-2255
メール：network@kenrik.jp
ホームページ：http://www.kenrik.jp/index.html#top

教室で学ぶワークルール

2012年7月10日　初版第1刷発行

著者　　　道幸哲也
デザイン　坂野公一＋節丸朝子（welle design）

発行者　　木内洋育
発行所　　株式会社 旬報社
〒112-0015 東京都文京区目白台2-14-13
TEL 03-3943-9911 FAX 03-3943-8396
ホームページ　http://www.junposha.com/

印刷製本　シナノ印刷株式会社

©Tetsunari Doko 2012, Printed in Japan
ISBN978-4-8451-1270-8 C0036